朝日新書
Asahi Shinsho 921

動乱の日本戦国史

桶狭間の戦いから関ヶ原の戦いまで

呉座勇一

朝日新聞出版

はじめに

一般に日本史で最も人気が高い時代は、戦国時代であろう。織田《おだ》信長《のぶなが》・豊臣秀吉《とよとみひでよし》・徳川《とくがわ》家康《いえやす》の三英傑や武田《たけだ》信玄《しんげん》、上杉謙信《うえすぎけんしん》ら群雄が覇を争ったこの時代は、NHK大河ドラマで盛んに題材にされてきた。

戦国時代を扱った小説・漫画・ドラマ・映画・ゲームなどで山場として重視されるのは合戦シーンである。桶狭間《おけはざま》合戦や川中島《かわなかじま》合戦、関ヶ原《せきがはら》合戦を知らない日本人はいないだろう。

ところが意外なことに、日本中世史学界で最も研究が遅れていた分野は、これら戦国時代の合戦なのである。戦国時代の合戦に関する研究は、参謀本部編「日本戦史」シリーズを基礎としている。このシリーズは旧陸軍参謀本部が戦史研究の一環として編纂《へんさん》したものである。過去の戦闘の実例から作戦・戦術を学ぼうとしたのだ。同シリーズは戦国時代における主要な合戦をとりあげ、明治末年から大正年間（一九一二〜二六）にかけて、『日本戦史　桶狭間役』『日本戦史　長篠役《ながしの》』など十三巻が刊行された。内容はそれぞれ戦役前の両軍の形勢、両軍の作戦、戦後の動静および結果といった順序で記され、補伝として出典の一部を原文史料として掲げている。

しかし、右のシリーズは、江戸時代の軍記類の記述を無批判に採用しており、同書が示す合戦の経過・作戦の内容は実像からかけ離れている。例を挙げれば、桶狭間合戦における迂回奇襲や、長篠合戦における交替射撃などは、信頼できる史料からは確認できず、後世の創作である蓋然性《がいぜんせい》が高い。

にもかかわらず、参謀本部『日本戦史』が生みだした虚像は、戦後の歴史学研究にも引き継がれた。戦後歴史学は軍国主義への協力を反省し、軍事研究・戦争研究を忌避《きひ》したため、独自の合戦研究を行わなかった。通史類で桶狭間合戦や長篠合戦に触れざるを得ない時は、『日本戦史』や、『日本戦史』に依拠した徳富蘇峰《とくとみそほう》『近世日本国民史』の記述を踏襲したのである。

こうした状況に変化が生じたのは、一九七〇年代になって在野・民間の歴史研究者が、桶狭間合戦や長篠合戦に関する通説を見直すようになってからである。一九九〇年代からは、歴史学界でも「戦争論」が盛んになり、現在に至る。『日本戦史』の叙述を良質な史料に基づき批判的に検証することはもとより、戦場での作戦に関心を集中させていた『日本戦史』が軽視した合戦の戦略目的や、合戦と密接に関わる外交戦をも視野に入れて、総合的な研究を進めている。

本書では、桶狭間合戦をはじめとする戦国時代の著名な合戦をとりあげ、通説を確認した上で、最新の研究成果、論争になっている箇所を紹介する。奇想天外な作戦や狡猾《こうかつ》な謀略が勝敗を分けたという従来のイメージに反して、合理的・現実的な戦略プランに基づいて堅実に勝利した実態が浮かび上がってくるはずだ。

ただし、戦国大名の盛衰は、一回の合戦の勝敗に必ずしも大きく左右されない。桶狭間合戦に敗れた今川《いまがわ》氏にしろ、長篠合戦に敗れた武田氏にしろ、合戦での大敗が滅亡に直結したわけではない。三方ヶ原《みかたがはら》で惨敗した徳川家康が再起した例もある。むしろ、一日の戦闘で天下の行方が決まった関ヶ原合戦は例外と言えよう。

戦国大名の勢力拡大は、他大名との同盟、敵国衆の調略（寝返りを誘うこと）といった「外交」に多くを負っていた。こうした外交戦を最も得意としたのが豊臣秀吉である。秀吉が天下統一の過程で行った大きな合戦は実は少なく、専《もっぱ》ら外交的成果の積み上げによって全国支配を実現したのである。戦わずして勝つことが秀吉の本領であり、最後の章では、秀吉の外交術に迫る。

　クラウゼヴィッツの『戦争論』によれば、戦争は一つの政治的行為であり、外交とは異なる手段をもってする政治の継続にすぎないという。戦争と外交は表裏の関係にあり、最後の章だけでなく、他の各章でも合戦の背景にある諸大名の合従連衡《がっしょうれんこう》に言及した。みなさんがお馴染みの有名合戦の、本当の姿をぜひご覧いただきたい。

動乱の日本戦国史

桶狭間の戦いから関ヶ原の戦いまで

目次

はじめに　3

第一章　川中島の戦い　19

1　第四次川中島合戦への道　21

川中島合戦の目的と結果　21

武田晴信と長尾景虎の台頭　22

第一次川中島合戦　24

第二次川中島合戦　25

第三次川中島合戦　27

2　通説が語る第四次川中島合戦　30

武田信玄と上杉謙信の躍進　30

第四次川中島合戦の勃発　32

両軍の作戦行動　34

第五次川中島合戦　36

3　第四次川中島合戦の実像　39
信玄と謙信の一騎打ちはあったか　39
勝者はどちらか　43
第二章　桶狭間の戦い　49
1　通説が語る桶狭間の戦い　50
桶狭間合戦と信長神話　50
今川義元の西進　51
織田信長の出陣　53
今川義元の最期　55
桶狭間合戦の影響　56
2　藤本正行説の衝撃　58
『信長公記』への着目　58
桶狭間合戦の原因　60

迂回奇襲という虚構　61
信長の勝因は何か　65
3　藤本説以後の諸説　66
正面攻撃説への批判　66
正面攻撃説の問題点　68
乱取状態急襲説とその問題点　70
広義の「奇襲」説　72
兵力拮抗説　73
第三章　三方ヶ原の戦い　77
1　通説が語る三方ヶ原合戦　78
三方ヶ原合戦の目的と結果　78
武田信玄と徳川家康の今川領分割　79
武田信玄と徳川家康の対立　82

両軍の激突　84
武田信玄の死　85

2　三方ヶ原合戦をめぐる論争　89

武田信玄は上洛を目指していたか　89
信長包囲網の実態　92
徳川家康はなぜ城を出たか　94
もし信玄が死ななかったら　96

3　三方ヶ原合戦に関する新説　98

軍議の場所は浜松城ではなかった　98
三方ヶ原合戦のきっかけは何か　99
おびき出し作戦だったのか　101

第四章　長篠の戦い　105
1　通説が語る長篠の戦い　106
長篠合戦と信長神話　106
合戦の発端　107
信長・家康の出陣　109
織田信長の勝因は？　110
2　藤本正行・鈴木眞哉説の衝撃　112
『信長公記』への着目　113
一斉射撃は可能か　114
三段撃ちの典拠は？　116
武田騎馬隊は存在したか　118
信長の勝因・勝頼の敗因は？　119
3　藤本・鈴木説への批判と藤本氏の反論　122

三段撃ちの異説　122
『甫庵信長記』の再評価　123
武田騎馬隊の再評価　125
武田氏の戦術の再評価　126
両者の合意点　127

第五章　関ヶ原の戦い　131

1　通説が語る関ヶ原の戦い　132
関ヶ原合戦と家康神話　132
合戦の発端　133
徳川家康の陽動作戦　135
「問鉄砲」による勝利　139

2　白峰旬氏らの新説の衝撃　141
「問鉄砲」はあったのか　141

小早川秀秋は即座に裏切った？　143
小早川秀秋の不穏な動きと西軍の対応　145
毛利家は九月十四日の時点で降伏を願い出ていた？　147
3　新説への批判　148
「問鉄砲」の再評価　148
小早川秀秋は開戦後に逡巡していた？　149
小早川秀秋は前日に裏切っていたか？　151
吉川広家の証言は信用できるか　154
第六章　大坂の陣　157
1　通説が語る大坂の陣　158
大坂の陣と家康神話　158
合戦の発端　160
豊臣家の募兵と徳川家康の出陣　162

大坂冬の陣　163
和睦成立　166
堀の埋め立てと和睦の破綻　167
大坂夏の陣　168

2　「大坂の陣」の実像　172
方広寺鐘銘事件の真相　172
籠城策以外の作戦はあり得たか　175
偽りの和睦だったのか　176
大坂城内堀埋め立ての真実　179
真田信繁は徳川家康の首を取れたか？　182

第七章　豊臣秀吉の天下統一過程　185

1　藤木久志氏の「惣無事令」論と藤木説批判　186
藤木久志氏の「豊臣平和令」概念の提起　186

藤木「惣無事令」論の概要　188
藤木説への批判　191

2　「惣無事」とは何か　193
「惣無事」関係史料の年次比定　193
「惣無事」は豊臣政権の法令ではない　197
「惣無事」の語義確定　198
九州停戦令との違い　202

3　「関東惣無事」の実態　206
秀吉と家康の関係　206
竹井氏の戸谷説批判　208
竹井説への疑問　210
レトリックとしての「惣無事」　212
織田信長の対東国政策　214
家康と反北条連合　216

秀吉と反北条連合　217
惣無事研究の今後　219
おわりに　222
主要参考文献　227

（初出）

「一冊の本」二〇二一年十一月〜二〇二三年二月。

第三章、第六章、第七章は書き下ろし。

第一章　川中島の戦い

群雄が割拠《かっきょ》して激しく争った戦国時代は歴史に興味を持つ日本人が最も好む時代であり、この時代を題材に多くの歴史小説や歴史ドラマが作られてきた。そうした娯楽作品におけるクライマックスシーンは合戦の場面であろう。だが、戦後歴史学が反戦平和主義の立場から軍事研究を忌避したこともあり、川中島の戦いや桶狭間の戦いといった有名な戦いであっても、その実像は必ずしも明らかにされてこなかった。

歴史学界で戦国合戦の研究が本格的に行われるようになったのは、ここ三十年のことであり、しかもその成果は一般にはあまり伝わっていない。本書では、最新の研究成果に基づき、合戦の実態に迫り、その作業を通じて通俗的な戦国時代像を更新する。

1　第四次川中島合戦への道

川中島合戦の目的と結果

川中島合戦と言えば、武田信玄と上杉謙信が直接対決した合戦として知られている。川中島合戦は天文《てんぶん》二十二年（一五五三）から永禄《えいろく》七年（一五六四）にかけて五回にわたり行われたとされる（後述するように近年はその後も二回行われたとの指摘がある）。川中島は狭義には千曲《ちくま》川と犀《さい》川の合流する付近の犀川の扇状地を指すが、広義には千曲川流域に広がる長野盆地（善光寺平《ぜんこうじだいら》）の通称である。五回のうち、最大の激戦は第四次川中島合戦であり、単に川中島合戦と言った場合、この第四次合戦を指す。本章では主に第四次合戦について論じる。

さて五回の合戦の目的は、信濃《しなの》北部の争奪にあった。ゆえに両者の軍事行動は更級《さらしな》郡の川中島周辺に留《とど》まらず、信濃の小県《ちいさがた》・更級・埴科《はにしな》・高井《たかい》・水内《みのち》・安曇《あずみ》の六郡、すなわち北信濃全域が戦場になった。信玄は信濃一国の掌握をもくろんでおり、謙信は本拠地である越後《えちご》周辺に武田との緩衝地帯を築くことを企図していた。

武田信玄と上杉謙信は強大な戦国大名同士で、武将としての優劣もつけがたい。ゆえに五度にわたる合戦でも明確な勝敗はつかなかったが、この間に北信濃の大半は信玄の勢力下に入った。その意味では信玄の戦略的勝利と評することができよう。

武田晴信と長尾景虎の台頭

第四次川中島合戦に至る経緯を簡単に説明しておく。甲斐《かい》国では、守護の武田信虎《のぶとら》が国内の統一を果たし、戦国大名として領国統治を進めていたが、天文十年（一五四一）六月にクーデターが発生する。信虎が駿河《するが》の今川義元《よしもと》のもとを訪問していた隙をついて、重臣たちが信虎嫡男の晴信《はるのぶ》（のちの信玄）を擁立したのである。晴信は国境を封鎖して信虎の帰国を封じ、駿河への追放を宣言した。

武田家の家督を相続した晴信は翌十一年六月、信濃国諏訪《すわ》郡に出兵し、七月には諏訪頼《より》重《しげ》を滅ぼした。続いて晴信は佐久《さく》郡・伊那《いな》郡を攻略し、信濃府中《ふちゅう》（現在の長野県松本市）を拠点とする信濃守護の小笠原長時《おがさわらながとき》や埴科郡葛尾《かつらお》城（現在の長野県坂城《さかき》町）の村上義清《むらかみよしきよ》と抗争を繰り広げた。

天文十七年二月、武田晴信は上田原《うえだはら》合戦で村上義清に大敗を喫し、板垣信方《いたがきのぶかた》・甘利虎泰《あまりとらやす》などの重臣を失った。しかし晴信は七月に塩尻《しおじり》峠で小笠原氏を撃破した。さらに十九年七月には信濃府中を制圧、小笠原長時は逃亡した。その後、いわゆる「砥石崩《といしくず》れ」で村上義清に苦杯をなめるも、着実に信濃で勢力を拡大していった。天文二十二年四月、義清はついに本拠の葛尾城を捨てて逃亡したのである。この時、晴信は三三歳である。

一方の上杉謙信はどうか。永正四年（一五〇七）、長尾為景《ながおためかげ》は主君である越後守護の上杉房能《ふさよし》を討ち、上杉定実《さだざね》を新たな主君として擁立した。その後、為景は越後国内の敵対勢力を次々と制圧し、越後の戦国大名にのし上がった。天文九年に為景は嫡男の晴景《はるかげ》に家督を譲り隠居した。翌十年に為景は病没した。しかし晴景は病弱であったため、天文十七年十二月に弟の景虎《かげとら》（のちの謙信）に家督を譲った。

天文十九年二月、名目上の主君であった上杉定実が逝去すると、長尾景虎は名実ともに越後の国主となった。翌二十年、越後国上田《うえだ》荘（現在の新潟県南魚沼《みなみうおぬま》市）を本拠とする長尾政景《まさかげ》と争い、これを帰順させた。こうして景虎は越後一国を完全に平定した。

天文二十一年正月、小田原北条《おだわらほうじょう》氏の圧迫に耐えかねた関東管領《かんれい》の上杉憲政《のりまさ》が、居城である上野《こうずけ》国平井《ひらい》城（現在の群馬県藤岡《ふじおか》市）を捨てて越後府中（府内《ふない》、現在の新潟県上越《じょうえつ》市）の景虎のもとに逃れてきた。七月、景虎は憲政の要請を受けて関東に出兵した。

そして天文二十二年四月、長尾景虎は武田晴信に追われた村上義清を受け入れた。この時、景虎は二四歳である。両者は以前から同盟関係にあり、義清は景虎の力を借りて本領を奪回しようと考えたのである。また越後府中と北信濃は隣接しており、景虎にしても、晴信の北上を食い止める必要があった。両者の利害は一致し、北信濃から武田勢を駆逐すべく、出陣した。武田信玄、上杉謙信の両雄はついに激突することになった。川中島合戦の幕が切って落とされたのである。

第一次川中島合戦

第一次川中島合戦に関する基本史料は、武田家の用務日誌を材料に編纂されたと見られる記録『甲陽《こうよう》日記』である。同史料に依拠して、第一次合戦の経過を整理しておこう。天文二十二年三月二十三日、武田晴信は甲府を出陣し、北信濃の城を次々と攻略していった。これに驚いた村上義清は四月九日、本拠地の葛尾城を放棄して長尾景虎のもとへ逃亡した。村上義清の援助要請を受けた長尾景虎は信濃に出陣し、四月二十二日に武田軍と更級郡八幡《やわた》(現在の長野県千曲市)、いわゆる川中島で交戦した。景虎は八幡を突破し、翌二十三日には葛尾城を落とした。村上義清は本領を奪回したのである。

武田晴信は四月二十四日に苅屋原《かりやはら》城（現在の長野県松本市）、五月一日に深志《ふかし》城（松本城）へ退却し、同十一日に甲府へ帰還した。村上義清は信濃国塩田《しおだ》城（現在の長野県上田市）に入ったが、晴信は七月二十五日に再び甲府を出陣して佐久郡を進み、村上方の城を次々と陥落させた。八月五日、義清は塩田城から逃亡し、義清の本領回復はわずか三ヶ月で終わった。

これを受けて長尾景虎は信濃に出陣し、八月に布施《ふせ》（現在の長野市、「大須賀《おおすが》文書」）、九月に川中島で両軍が交戦した。この戦いは景虎が勝利し、武田方の城を次々と攻略したが、塩田城の奪還は果たせず、九月二十日に越後に撤退した。景虎は個々の戦闘では少なくない勝利を挙げたが、晴信は北信濃を守り切った。景虎は何の成果も得られず虚しく帰国したのであり、武田方の戦略的勝利と言える。越後に戻った景虎は、すぐに上洛して後奈良《ごなら》天皇に謁見している。

第二次川中島合戦

天文二十三年、武田・今川・北条の、いわゆる甲相駿《こうそうすん》三国同盟が成立する。これによって武田晴信は信濃制圧に専念できるようになった。かくして第二次川中島合戦が勃発する。

第二次合戦の経過は、富士山北麓地域の年代記『勝山記《かつやまき》』に記されている。主に同書に拠りつつ、一次史料（古文書）で適宜修正・補足し、経緯を復元したい。

天文二十四年（弘治《こうじ》元年、一五五五）三月頃、武田晴信が出陣した。善光寺別当の栗田《くりた》永《えい》寿《じゅ》が晴信の調略に応じて武田方に寝返ったからである。村上義清・高梨政頼《たかなしまさより》の援軍要請を受けた長尾景虎は四月に信濃へ出陣し、善光寺に布陣した。栗田永寿は旭山《あさひやま》城（現在の長野市旭山）に籠り、晴信に援軍を求めた。晴信は弓八〇〇、鉄砲三〇〇挺を装備した三〇〇〇の兵を送った。騎馬隊のイメージが強いが、武田家は鉄砲を重視していたのだ。

武田晴信・長尾景虎がそれぞれ家臣たちに与えた感状（戦功に対する感謝状）によると、両軍は七月十九日に川中島で激突したという。勝敗はつかず、そのまま対陣が続き長期戦となった。景虎方は士気の低下に苦しみ、勝手に帰国する者、陣中で喧嘩する者が相次いだ。このため十月、景虎は諸将に誓詞を提出させ、軍紀を粛正《しゅくせい》している（「謙信公御書集」）。

結局、閏十月五日、今川義元の仲介で両者は和睦し、おのおの撤退している。武田氏側から同合戦を記述する『勝山記』は、長尾景虎が困って和睦を求めてきたように描いているが、景虎は師である禅僧の天室光育《てんしつこういく》への書状で、武田側が和睦を欲したと書いている（「歴代古案」）。

和睦の主な条件は、①武田方は旭山城を破却する、②武田氏に圧迫されて越後に逃れていた北信濃の井上《いのうえ》・須田《すだ》・島津《しまづ》氏らを本拠地に復帰させる、というものであった。武田晴信はかなり譲歩しており、長尾景虎にとって悪い条件ではなかった。しかし村上義清の本領復帰は実現しなかった。

第三次川中島合戦

第三次合戦については、一次史料が多く残されているため、詳細が判明する。第二次合戦で長尾景虎と和睦した武田晴信であったが、これを遵守するつもりは毛頭なかった。晴信は北信の武士へ調略の手を伸ばし、善光寺の裏を支配する葛山城《かつらやま》（現在の長野市茂菅《もすげ》）を守る落合《おちあい》一族の切り崩しを図った（「上杉家文書」）。弘治二年（一五五六）八月には、武田の調略により越後で大熊朝秀《おおくまともひで》が景虎に反旗を翻した。景虎は速やかにこれを鎮圧している（「上野文書」）。

弘治三年二月、武田晴信は葛山城を奇襲して、これを陥落させた。武田軍の侵攻により、長尾景虎方の島津忠直《ただなお》は本拠地である矢筒《やづつ》城（現在の長野県飯綱《いいづな》町）を引き払い、大倉《おおくら》城（現在の長野市豊野《とよの》町）に逃れ、景虎に救援を要請した（「古案記録草案」所収色部《いろべ》氏文書）。

これを受けて長尾景虎は陣触れを出したが、深雪もあって軍勢の集結ははかばかしくなかった（「古案記録草案」所収色部氏文書）。その間に武田軍は北上を続け、景虎方の高梨政頼が籠る飯山城《いいやま》（現在の長野県飯山市）に迫っていた。ようやく景虎が豪雪を冒して越後を出陣したのは四月十八日、山田要害（現在の長野市）や福島城《ふくじま》（現在の長野県須坂市《すざか》）を攻略し、二十一日に善光寺に着陣した（「色部氏文書」）。景虎は武田方となった葛山城を攻め、武田方が破却した旭山城を再建して本陣とした（「鴨井英雄氏所蔵文書」）。

長尾景虎は五月十二日には香坂《こうさか》（現在の長野県信濃町）へ侵攻して近辺を放火、さらに南下して川中島を過ぎ、十三日には坂木《さかき》・岩鼻《いわばな》（現在の長野県坂城町）まで進出して、周辺を荒らしまわった。しかし武田軍が決戦に応じないため、景虎はいったん撤退した（「渡辺謙一郎氏所蔵文書」）。

その後、長尾景虎は軍を転じて、市川藤若《いちかわふじわか》が守る高井郡《たかいぐん》の計見城《けみ》（日向城《ひなた》、現在の長野県木島平村《きじまだいら》）を攻めた。市川藤若は武田氏に援軍を要請した。景虎は高梨政頼を介して藤若に降伏を呼びかけたが、藤若はこれに応じず、懸命に抗戦した。

武田晴信は市川藤若に書状を送り、援軍を送ったので持ちこたえるようにと伝えた（「市河文書」）。援軍が到着する前に長尾景虎は攻略を諦め、六月十一日、飯山城へ撤退した。

晴信は「今後は市川氏からの援軍要請があり次第、私（晴信）の許可を経ずに、塩田城などから即座に援軍を派遣するよう命じておいたので安心されたい」という書状を送っている。この書状を市川藤若のもとに届け、口頭で詳細を伝達すべく派遣された使者が、かの有名な山本菅助《やまもとかんすけ》（勘助）である。

両者ともに決め手を欠きつつ軍事作戦が続いたが、八月二十九日に武田晴信軍と長尾景虎軍が上野原《うえのはら》で衝突した（「歴代古案」）。上野原の場所については諸説あるが、長野市上野が有力である。またまた川中島の近辺で会戦が行われたことになり、これを一般に第三次川中島合戦という。この上野原合戦の勝敗は不明だが、この衝突を最後に景虎は撤兵し、晴信も十月十六日に甲府に帰還した。

長尾景虎の三度目の信濃出陣は半年に及んだが、見るべき成果を挙げることができないまま越後へ帰国した。武田氏の北信濃支配はいよいよ強化され、高梨政頼はますます長尾景虎への依存を強めて独立性を喪失した。上杉氏の勢力圏は信越国境地帯まで後退した。

2　通説が語る第四次川中島合戦

武田信玄と上杉謙信の躍進

この頃、三好長慶《みよしながよし》らに京都から追われ近江《おうみ》国朽木谷《くつきだに》（現在の滋賀県高島《たかしま》市）に逼塞《ひっそく》していた将軍足利義輝《あしかがよしてる》は、長尾景虎に接近し、上洛を促していた。しかし景虎が上洛するには、信濃で激しく争う武田晴信との和睦が必要であった。

そこで足利義輝は、第三次川中島合戦で対峙していた武田晴信・長尾景虎双方に和睦を打診した。晴信は和睦の条件として、信濃守護職補任《ぶにん》を求め、義輝はこれを認めている。

ところが武田晴信は、和睦の見返りとして信濃守護職を授与されたにもかかわらず、第三次川中島合戦終結後も長尾景虎との対決姿勢を崩さず、越後侵攻をも企図した。激怒した将軍義輝は永禄元年（一五五八）十一月、晴信に詰問状を送り、晴信は弁解状を提出した（東京大学史料編纂所「編年文書」）。晴信は「信濃守護の私に信濃一国の領有を認めていただければ、和睦します」と主張している。景虎にとっては、この条件は受け入れられるものではなかった。庇護してきた高梨・島津氏らの信濃武士を見捨てることになるからである。かくして和睦交渉は破綻した。この直後の十二月、晴信は出家して信玄と号した。

一方の長尾景虎は永禄二年四月、二度目の上洛を果たした。五月には正親町《おおぎまち》天皇に、六月には将軍足利義輝に謁見した。義輝は景虎に対し、関東管領上杉憲政の補佐・援助を一任し、信濃の武士たちを指導する権利を認めている（「上杉家文書」）。

関東と信濃における政治的立場を将軍から認められたことで、長尾景虎の権威は上昇した。景虎が十月下旬ごろに越後に帰国すると、越後国内はもちろん、関東の武士が続々と祝儀のために景虎の居城である春日山《かすがやま》城（現在の新潟県上越市）に参上した。さらに武田方の信濃武士も景虎に太刀を贈り、景虎に接近しようとした（「上杉家文書」）。

翌永禄三年八月、長尾景虎は上杉憲政や関東の諸将の要請に応える形で関東へ出陣した。景虎は三国《みくに》峠を越えて上野国に入り、北条方の諸城を攻め落とし、厩橋《まやばし》（現在の群馬県前橋市）に本陣を定めた。その後旧上杉氏家臣が続々と参陣し、景虎の勢力は一挙に膨張した（「歴代古案」）。

長尾景虎は永禄三年の冬を厩橋で過ごした。越後の外で越年したのはこれが初めてである。翌永禄四年二月、景虎は大軍を率いて南下し、武蔵《むさし》国に進撃した（「妙本寺《みょうほんじ》文書」）。北条氏康《うじやす》は景虎との野戦を避け、小田原城（現在の神奈川県小田原市）に立て籠もった。三月、景虎は小田原城を包囲、攻撃したが（「那須隆《なすたかし》氏所蔵文書」など）、堅固な小田原城はなかなか陥落しなかった。

長陣に疲れた関東諸将の意見もあり、長尾景虎は小田原攻略を諦め、閏《うるう》三月十六日、鎌倉の鶴岡《つるがおか》八幡宮《はちまんぐう》に参詣し、ここで上杉憲政の養子となり、関東管領職と山内《やまのうち》上杉氏の家督を相続する儀式を執り行った（「謙信公御書集」）。景虎は憲政の偏諱《へんき》を賜り、「政虎《まさとら》」と改名した。関東管領上杉政虎の誕生である。

第四次川中島合戦の勃発

上杉政虎が関東にいる間に武田信玄は信濃北部に軍勢を進めた。越後本国の危機を感じた政虎は永禄四年（一五六一）六月二十一日に厩橋城を発ち、二十八日に春日山城に帰還した。八月十四日、政虎は春日山城を発ち、川中島に向かった。第四次川中島合戦の勃発である。

五回の川中島合戦のうち最も著名な第四次合戦であるが、同時代史料が乏しく、不明な点が多い。戦闘の経過を詳しく記した最も古い史料は『甲陽軍鑑《こうようぐんかん》』である。

『甲陽軍鑑』（以下『軍鑑』と略す）は、「武田信玄を中心とする甲州武士の事績・心構え・

理想を述べた書物」（『国史大辞典』）である。天正《てんしょう》三年（一五七五）の長篠合戦の大敗に危機感をおぼえた武田氏の老臣、春日虎綱《かすがとらつな》（高坂弾正《こうさかだんじょう》）の口述を、虎綱に仕えた猿楽師の大《おお》蔵彦十郎《くらひこじゅうろう》と虎綱の甥である春日惣次郎《そうじろう》が筆記し、武田勝頼《かつより》の側近であった跡部勝資《あとべかつすけ》と長《なが》坂釣閑斎《さかちょうかんさい》に贈ったものが原本とされる。

春日虎綱はその後も天正六年に死去するまで『軍鑑』を書き続け、彼の死後は大蔵彦十郎と春日惣次郎が天正十四年まで書き継いでいる。私たちが現在目にしている『軍鑑』は、武田家臣の子孫で甲州流軍学の創始者である小幡景憲《おばたかげのり》が傷んだ原本を入手し、元和《げんな》七年（一六二一）に編者として校訂、刊行したものである。通説はこの『軍鑑』に依拠して第四次川中島合戦を叙述している。以下に示そう。

一万三〇〇〇人の大軍を率いて信濃に入った上杉政虎は八月十五日に善光寺に着陣し、十六日には犀川を渡河して川中島に入り、さらに千曲川をも越え、妻女山《さいじょさん》に布陣した。

さて武田方は、永禄三年に川中島を押さえる拠点として海津城《かいづ》（現在の長野市松代《まつしろ》町）を築いていた。海津城代の春日虎綱は、上杉軍襲来を信玄に急報した。信玄は八月十八日に甲府を出発し、二十四日に川中島に進出し、二十九日に海津城に入った。

上杉政虎の出陣から一ヶ月近く経った九月九日、武田信玄は海津城で軍議を開催した。

家老の飯富虎昌《おぶとらまさ》や馬場信春《ばばのぶはる》らは決戦を主張した。信玄は、小畠虎盛《おばたとらもり》の病死・原虎胤《はらとらたね》の重傷による戦力低下を理由に決戦を逡巡していたが、最終的には主戦論に傾き、山本勘助・馬場信春に作戦策定を命じた。

山本勘助は「武田軍二万を二手に分け、一万二〇〇〇で政虎が陣を構える西条山（妻女山）に向けて攻め、明日卯の刻（午前六時ごろ）から合戦を始めれば、越後勢（上杉軍）は負けても勝っても、川を越えて退却するはずなので、そこで御旗本組八〇〇〇、第二陣一万二〇〇〇の軍勢によって前後から挟み撃ちにして、討ちとめなさるように」と進言した。

要するに、上杉軍が布陣する妻女山を武田の別働隊が攻撃し、上杉軍が驚いて山麓の八幡原《はちまんばら》（現在の長野市小島田町《おしまだ》）に降りてきたところを待ち構えていた武田本隊が迎え討ち、別働隊と前後で挟み撃ちにするという挟撃作戦である。いわゆる「啄木鳥《きつつき》の戦法」だが、『軍鑑』にはこの呼称は見えない。後世の命名なのだ。

両軍の作戦行動

武田信玄は山本勘助の作戦を採用し、深夜、武田軍は海津城を密かに出陣した。別働隊一万二〇〇〇は妻女山に向かい、信玄本隊八〇〇〇は川中島の八幡原に布陣した。信玄は山本勘助の進言に従って、鶴翼《かくよく》の陣をとったという。

ところが海津城から炊飯の煙が大量に立ち上るのを見た上杉政虎は、武田軍の作戦を見抜き、ただちに下山して武田軍の本陣を急襲することを命じた。上杉軍一万三〇〇〇は亥の刻（午後十時ごろ）、ひそかに妻女山を降り、川中島に布陣した。

武田信玄は別動隊からの報告を待っていたが、一向に妻女山で合戦が始まる気配がない。日が昇り、濃霧がすっかり晴れわたると、前方に上杉の大軍を発見した。武田八〇〇〇対上杉一万三〇〇〇。『軍鑑』によれば、数に劣る武田方は味方に多くの討死が出るだろうと覚悟したという。

両軍の戦闘は卯の刻から始まった。上杉軍は車懸《くるまが》かりの陣形で信玄本隊に襲いかかった。乱戦の中で武田軍の鶴翼の陣は次々に切り崩され、武田信玄の実弟である信繁《のぶしげ》、重臣の両角虎光《もろずみとらみつ》、足軽大将の山本勘助らが戦死した。

一方、妻女山を攻撃しようとしていた武田軍別働隊は、上杉軍に出し抜かれたことに気づくと、急ぎ下山して川中島に駆け付けた。別働隊が川中島に到着し、背後から上杉軍を攻撃し始めたのは、巳の刻（午前十時ごろ）であったという。これによって形勢が逆転し、今度は上杉軍が苦境に陥った。上杉軍は撤退し、合戦は申の刻（午後四時ごろ）に終了した。

『軍鑑』が記す両軍の数をどこまで信用して良いかという問題はあるが、これまで信濃遠征に参加しなかった揚北衆《あがきたしゅう》（越後北部の武士たち）が加わっていることから、上杉政虎が最大規模の軍勢を動員したことは事実と見て良いだろう。これは、関東管領に就任したことによる政虎の権威上昇が背景にあると考えられている。

上杉政虎は今度こそ決着をつけるという強い意気込みで川中島に乗り込んできたと思われる。だが戦闘の勝敗はさておき、戦略的には敗北したと言わざるを得ない。結局、信濃における武田方の勢力拡大を食い止めることができなかったからである。

なお、この年の冬、上杉政虎は将軍足利義輝から偏諱を賜り、輝虎《てるとら》と改名している。

第五次川中島合戦

永禄七年六月、武田軍が飛驒《ひだ》に侵攻した（「大林寺《だいりんじ》文書」など）。上杉方の三木自綱《みきよりつな》・江馬《えま》輝盛《てるもり》らは危機に陥り、上杉輝虎に支援を求めた。七月、輝虎は軍勢を率いて信濃に侵攻し、善光寺に着陣した。八月三日には犀川を渡って川中島に布陣した（「保阪潤治《ほさかじゅんじ》氏所蔵文書」）。第五次川中島合戦の勃発である。

武田信玄はひそかに甲府を出陣し、深志《ふかし》を経て川中島の入口である塩崎城《しおざき》（現在の長野

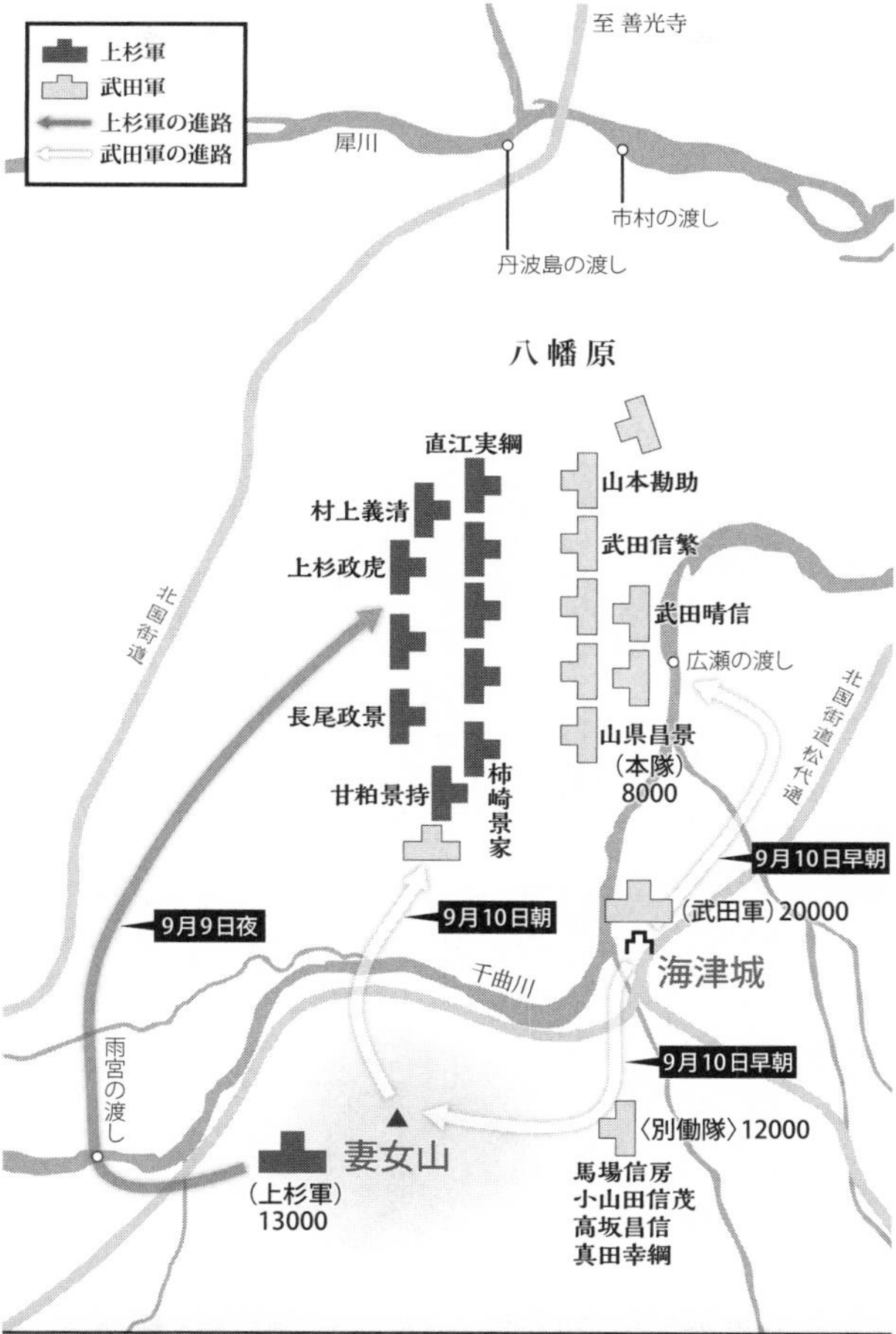

上杉軍
武田軍
上杉軍の進路
武田軍の進路
至 善光寺
犀川
丹波島の渡し
市村の渡し
八幡原
直江実綱
村上義清
上杉政虎
長尾政景
甘粕景持
柿崎景家
山本勘助
武田信繁
武田晴信
山県昌景
（本隊）
8000
広瀬の渡し
北国街道
北国街道松代通
9月10日早朝
（武田軍）20000
海津城
9月9日夜
9月10日朝
千曲川
雨宮の渡し
9月10日早朝
〈別働隊〉12000
馬場信房
小山田信茂
高坂昌信
真田幸綱
妻女山
（上杉軍）
13000

川中島合戦 布陣図

市篠《しののい》ノ井）に入った。その上で、飛驒の武田軍を撤収させた。

上杉輝虎は武田信玄との決戦を望んだが（「保阪潤治氏所蔵文書」）、信玄はそれを避けたため、対陣は六〇日に及んだ（「河上文書」）。その間、関東では北条軍が上杉方の諸城を攻撃していた。輝虎はいよいよこれを放置できなくなり、飯山城の修理を確認して越後へ引き上げた。十月一日のことである（「上杉定勝古案集」）。この後、武田信玄の軍事的関心は南の駿河に向いたため、川中島を舞台にした両雄の戦いは二度と行われなかったと考えられてきたが、近年は永禄十年・十一年にも川中島合戦が行われたとの指摘がある。

五次にわたる川中島合戦は、常に武田方の攻勢を上杉方が押しとどめようとする、という展開になった。上杉輝虎は速戦即決によって戦局の打開を図ったが、武田信玄は四次を除いて輝虎の挑発に乗らず、輝虎が撤退した後に軍事行動を活発化させた。この戦略が奏功して、信玄は飯山以北を除く信濃国の大半を領土とすることができた。逆に、輝虎は信玄に駆逐された小笠原・村上・高梨らを信濃に復帰させるという目標（「弥彦神社文書《やひこじんじゃ》」）を達成させることはできなかった。冒頭で述べたように、川中島合戦は武田信玄の戦略的勝利という形で幕を閉じたのである。

3　第四次川中島合戦の実像

信玄と謙信の一騎打ちはあったか

さて『軍鑑』によれば、第四次川中島合戦においては、武田信玄と上杉謙信が一騎打ちを行ったという。前述のように、上杉政虎は武田本隊を急襲した。信玄の本陣は大混乱に陥り、本陣深くに斬り込んだ政虎は信玄に三度太刀《たち》を浴びせたが、信玄は軍配で防いだ。その後、信玄の旗本の攻撃を受けて政虎は退散した。

右の逸話は、出典の『軍鑑』が近代歴史学において信憑性《しんぴょうせい》の低い史料とみなされたこともあって、創作と考えられてきた。『軍鑑』は江戸時代においては甲州流軍学の聖典として重んじられるに留まらず、庶民層にまで広く普及した。ところが、近代になると評価が一変する。歴史学者の田中義成《たなかよしなり》が一八九一年に「甲陽軍鑑考」という論文を発表し、『軍鑑』は偽書であると断じたのである。

田中は『軍鑑』の記述と、戦国時代の古文書・古記録のそれとの矛盾点が多いことを指摘した。そしてこの事実を根拠に、高坂弾正の名を騙《かた》って小幡景憲が偽作した書と主張した。この『軍鑑』偽書説は、歴史学界で長らく有力視された。

そうしたこともあって、『軍鑑』が描く武田信玄と上杉謙信の一騎打ちは創作と見られてきた。ところが近年、同書の史料的価値が再認識されつつある。

国語学者の酒井憲二《さかいけんじ》氏は、『軍鑑』の版本・写本を網羅的に蒐集《しゅうしゅう》し、文献学的・書誌学的手法で整理することで、原本に最も近い最古の古写本を確定した。その成果は、一九九五年に『甲陽軍鑑大成　研究篇』としてまとめられた。これによれば、『軍鑑』には室町時代の古語がふんだんに使用されており、江戸時代初期の人間が著述できるものではないという。

また、従来は『軍鑑』でしか確認できず、同書が創作した架空の人物という説すらあった山本勘助に関する史料も次々と発見された（市河文書《いちかわもんじょ》・真下家《ましもけ》所蔵文書・沼津山本家《ぬまづやまもとけ》文書）。かくして『軍鑑』は真書であることが実証された。

ただし、『軍鑑』の原型が春日虎綱によって作成されたということと、同書の内容が歴史的事実であるということは、全く別の問題である。武田信玄・勝頼に仕えた春日虎綱は確かに武田氏の合戦に関する当事者・経験者である。けれども、後から往時を振り返った回顧録には、しばしば記憶違い、脚色、改竄《かいざん》などが見られる。また虎綱死後の増補改訂によって事実が歪曲された可能性もある。

ところが、両者を混同し、真書なのだから内容も全て真実だと誤解する人は少なくない。推理小説家の井沢元彦《いざわもとひこ》氏は近著『武田信玄　500年目の真実』（宝島社新書、二〇二一年）で、信玄と謙信の一騎打ちが史実である可能性は「決して乏しいものではない」と主張し、創作と決めつける歴史学界を批判している。

井沢氏は言う。大将が単騎で斬り込むなど常識ではあり得ないが、毘沙門天《びしゃもんてん》の熱心な信者であり、「自分は絶対に死なない」と思っていた謙信ならばあり得る。謙信は地位や財産にもまったく興味がなく、正義を貫くために戦った。これまでの信玄との戦いでほとんど成果を挙げることができなかった謙信は、今度こそ決着をつけようと固く誓って出陣してきたのだから、信玄を討ち取れる千載一遇の好機が到来したならば、自身の危険など顧みないだろう、と。

謙信が「自分は絶対に死なない」と思っていた根拠として、小田原城攻囲戦において謙信が北条勢の鉄砲の射程内で弁当を食べた逸話を井沢氏は挙げる。しかし、これは江戸時代の俗書に見える話で信用できない。謙信が地位や財産に興味を持たなかったという主張も、関東管領就任などを考えれば疑わしい。

そもそも井沢氏は『軍鑑』をきちんと読んだのだろうか。同書には次の逸話が見える。第四次川中島合戦後、上杉政虎は家老衆に「自分が太刀を浴びせた武将はおそらく信玄だろうとは思ったが、信玄は謀略に長《た》けた人物で、（信玄と同じ）法師の姿の影武者を多く仕立てていると聞いていたから迷った。もし影武者と戦って生け捕られてはまずいと思い、馬から下りて組み伏せなかったのだ。相手が信玄と分かっていたら組み伏せたのに残念だ」と語ったというのだ。

この逸話も創作だと思うが、創作にせよ実話にせよ、『軍鑑』は、上杉政虎（謙信）が自らの手で信玄を討ち取ろうとしていた、とは記していない。むしろ武田信玄の影武者戦法を警戒し、深追いを避けたのだ。創作だとしても、示唆的な逸話である。

井沢氏の「推理」にはこの点で穴がある。謙信が自身の危険を顧みずに信玄を討とうと決意していたと仮定しよう。だが、目の前の武将が確かに信玄だという保証はどこにあるのか。いくら謙信が命知らずだったとしても、影武者相手に命を賭けるはずがない。

もちろん「影武者戦法など非現実的で、『軍鑑』の記述は信用できない」という反論は可能だ。だが、それを言ったら大将同士の一騎打ちの方がもっと非現実的だろう。やはり両雄の一騎打ちは後世の創作と考えるべきである。

なお後述の永禄四年十月五日近衛前久《このえさきひさ》書状によれば、上杉政虎は「自身太刀打ちに及」んだという。自ら太刀を抜いて戦ったというのだ。現在の歴史学界では、この史実に尾ひれがついて一騎打ちの話が生まれたと考えられている。歴史学者の磯貝正義《いそがいまさよし》氏が指摘するように、「これ（筆者注：前久書状の記述）をもって、謙信が信玄の本営に斬り込んで、信玄に太刀を浴《あび》せたという、かの有名な伝説の裏付けとするのは飛躍」である。

勝者はどちらか

ところで第四次川中島合戦はどちらが勝ったのだろうか。『軍鑑』は、合戦の前半は上杉方、後半は武田方の勝利と記し、痛み分けのように叙述している。

けれども武田・上杉の双方が自軍の大勝を宣伝した。武田信玄は、合戦翌月の十月三十日に京都清水寺の成就院《じょうじゅいん》に出した書状で「乗り合い一戦を遂げ勝利を得、敵三千余人を討ち捕り候」と語っている（「温泉寺《おんせんじ》所蔵文書」）。

一方、上杉政虎は当時、下総《しもうさ》の古河《こが》にいた関白近衛前久（当時は「前嗣《さきつぐ》」と名乗っていた）に合戦の結果を書状で報告した。前久は十月五日の返書の中で「今度信州表において、晴信に対し一戦を遂げ、大利を得られ、八千余討ち捕られ候事、珍重大慶に候」と、政虎の大勝利を祝っている（「太田作平氏所蔵文書」）。

近世の編纂物であるが、『甲越信戦録』によれば、両軍の死者数は武田軍四六三〇人、上杉軍三四七〇人だという。武田軍の戦死者が上杉軍のそれを上回っているが、そもそも武田軍の方が大兵力だったので、損害率はそれほど変わらないだろう。

より重要なのは指揮官クラスの戦死である。武田氏研究者の平山優《ひらやままさる》氏は「兵卒の戦死者数では、ほぼ拮抗する両軍も、指揮官クラスの戦死者となると、これは圧倒的に武田軍に甚大な損失があったことが認められる。武田軍は、信玄の弟武田信繁のほかに、武田一族油川彦三郎《あぶらがわひこさぶろう》（武田信昌《のぶまさ》の子油川信恵《のぶよし》の系統）が戦死し、侍大将クラスでも初鹿野源五郎《はじかのげんごろう》、三枝新十郎《さえぐさしんじゅうろう》、両角豊後守《ぶんごのかみ》、山本勘助、安間三右衛門《やすまさんえもん》らを失っている。これに対して、上杉軍に名だたる一族や武将の戦死は伝えられていない」と述べている。

また平山氏は、感状の有無にも注目する。上杉政虎は合戦三日後の九月十三日付で、参戦した揚北衆に対して感状を与えている。俗に「血染めの感状」と呼ばれているものであり、ほぼ同文の五通が現存している（三通は原本）。一方、武田信玄は感状を発給していない。現在伝わっているものは全て偽文書と考えられている。平山氏は「第四次川中島の合戦に限って、武田信玄はこれほどの戦闘が展開されたにもかかわらず、家臣たちに対して感状を発給した形跡が認められないのである。これは信玄自身が感状の発給をためらうほどの、つまり軍事局面では敗北を意識し、また家中でも感状を望む空気が起こらないほど消沈した雰囲気が支配していたのではないだろうか」と論じている。

これに対して上杉氏研究者の福原圭一《ふくはらけいいち》氏は、「血染めの感状」で上杉方が多数の戦死者を出したことに言及していると述べ、上杉方の敗北であると主張している。しかし福原氏自身が認めるように、「血染めの感状」に記されている上杉方の犠牲者は下層の武士であり、指揮官クラスが大きな被害を受けたことを示す史料はない。

また福原氏は、前述の近衛前久書状の「自身太刀打ち」に注目し、「大将が敵陣へ切り込んでゆくリスクをそうそう冒せるものとは考えにくい」と述べ、「謙信のいる本陣まで武田勢が攻め込んできている」可能性を指摘している。そして「いずれにせよ武田勢が謙信の間近に迫っている状態であったことは間違いないであろう。戦況としてはかなり不利な立場におかれていたといえよう」と結論づけている。

しかしながら、近衛前久書状の「自身太刀打ち」という表現は、上杉政虎（謙信）が自身の勇敢さを誇らしげに報告し、前久がそれを称賛したという流れで登場したと考えられる。仮に「謙信のいる本陣まで武田勢が攻め込んできている」という政虎にとって不名誉な戦況だったとしたら、政虎が前久への書状でわざわざ触れるはずがない。通説が語るように、政虎が武田の本陣に斬り込んでいったという状況を想定すべきである（さすがに単騎で斬り込んだわけではないだろうが）。

やはり第四次川中島合戦そのものは上杉方の勝利だったと言えよう。だが上杉はこの戦術的勝利を活かすことができなかった。かえって合戦に敗れた武田の方が合戦後、攻勢に出ている。信玄は川中島地方を維持したのみならず、合戦直後の永禄四年十一月には、同盟関係にある北条氏康の要請を受けて、西上野に出兵して関東の上杉方を攻撃しているのだ。北信争奪戦における信玄の戦略的勝利は明白である。

これは戦術家の上杉謙信と、戦略家の武田信玄との差である。磯貝氏が説く通り、「輝虎にとって対戦と対戦との間が空白の期間であったのに対し、信玄にとっては、この休戦期間こそその勢力を伸張すべき絶好の機会であったのである。むしろ対戦が終わった時点から、信玄の本領である浸透作戦が開始されたといっても過言ではない」のである。

武田・北条の同盟により、上杉謙信は信濃・関東での二正面作戦を強いられた。謙信が信濃で多少の戦果を挙げても、関東に転戦している間に信玄の調略によって帳消しにされてしまう。上杉は武田に対して戦略面で圧倒的に不利であり、川中島での局地戦に勝利したところで焼け石に水である。戦略の失敗を戦術で挽回《ばんかい》することはできないのだ。

第四次川中島合戦は、戦国時代を代表する両雄が激突したという見かけの華やかさに惑わされ、過大評価されてきたきらいがある。同戦に勝利した謙信が戦略的には敗北したという事実は、目先の利益にとらわれ長期的展望に欠けるところのある私たち日本人にとって、大きな教訓である。

第二章　桶狭間の戦い

1　通説が語る桶狭間の戦い

桶狭間合戦と信長神話

桶狭間の戦いは、戦国時代の合戦の中でも特に著名なものだろう。織田信長が少数の軍勢で今川義元の大軍を破った戦いである。敵の大名当主を戦場で討ち取ることは、戦国時代であっても珍しい。まして信長の方が劣勢だったのだから、史上稀《まれ》に見る大勝利である。織田信長はこの鮮やかな勝利をきっかけに有力大名へと成長し、やがて事実上の天下人にまで上り詰める。ゆえに桶狭間合戦の劇的な勝利は、信長の天才性・先進性を示す典型例として語られてきた。

たとえば明治から昭和戦後期にかけて活躍したジャーナリスト・評論家の徳富蘇峰は大著『近世日本国民史　織田氏時代前篇』（一九一八年）で「今川義元と織田信長の衝突は、室町時代の旧要素と、安土・桃山時代の新要素との衝突なり。あるいは貴族的文弱趣味と、平民的武強趣味の、衝突といってよかろう」と述べている（文字表記は新字・新かなに改め、一部漢字はひらがなにした。また送り仮名も現代の標準に改めた）。このように義元と信長を対照的に捉えて、信長の革新性を強調する見方は現代まで続いていると言えよう。

だが一九八〇年代、桶狭間合戦に関しては、大胆で意表を突いた迂回《うかい》奇襲作戦ではなかったという説が浮上し（後に詳述）、「信長神話」に疑問符がつくことになった。以後、桶狭間合戦の実像をめぐって論争が活発化し、今に至る。本稿では、通説を再確認しつつ、研究史を振り返り、桶狭間合戦研究の最前線を紹介する。

今川義元の西進

今川義元が尾張の織田信長領に向けて進撃した理由は、『信長公記《しんちょうこうき》』など信頼できる史料には明記されていない。ただ古くから、義元の目的は上洛と考えられてきた。江戸初期に儒医の小瀬甫庵《おぜほあん》が記した『信長記』（一六一一年頃に成立、以下『甫庵信長記』と記す）は、「天下」（京都）に攻め上って国家の邪路を正すために大軍を率いて出陣した、と記述している。天保《てんぽう》八年（一八三七）に完成した徳川氏創業の歴史書『改正三河後風土記《かいせいみかわごふどき》』には、「信長を討ち亡ぼし京都《みやこ》に旛《はた》をし立て天下を一統せんと思い立ち」と見える。天保十四年に完成した江戸幕府編纂の正史『徳川実紀《じつき》』もこれらを踏襲し、「今川義元大兵を起こし、尾張の織田信長を攻め亡ぼし、上方に打って上らんとて……」と記している。

徳富蘇峰も『近世日本国民史』で「今川義元は、家柄の自覚心も、一入《ひとしお》強く、京都に入りて、将軍家を擁し、覇を称せんとの野望も、恐らくは一朝一夕の故ではなかったであろう。それには邪魔物は、まず尾張の織田である。これを退治するは、第一の急務であった」と解説している。

貞享《じょうきょう》二年（一六八五）頃に完成した織田信長の一代記『織田軍記（総見記）』や前掲の『改正三河後風土記』によれば、永禄三年（一五六〇）五月十日、今川義元は四万余の大軍を率いて駿府（現在の静岡市）を発《た》ち、その日のうちに藤枝《ふじえだ》（藤枝市）に着いた。翌十一日には遠江《とおとうみ》国掛川《かけがわ》（掛川市）に着陣した。十三日には浜松《はままつ》に入り、そこから軍勢を本坂《ほんさか》と今切《いまぎれ》の二方面に分けて進め、義元本隊は本坂峠を越えて十四日に吉田《よしだ》（吉田町）に、十五日に三河国岡崎《おかざき》（愛知県岡崎市）に着陣した。

今川軍先鋒は十七日には鳴海《なるみ》方面（愛知県名古屋市緑区鳴海町）に至り、あちこちを放火し、田畠の作物を刈り取った。十八日には義元が沓掛《くつかけ》（豊明《とよあけ》市沓掛町）に本陣を進めた。また義元配下の松平《まつだいら》元康《もとやす》（のちの徳川家康）が味方の城である大高《おおだか》城（名古屋市緑区大高町）への兵糧運び入れに成功した。そして運命の十九日を迎える。

織田信長の出陣

今川義元は十八日に軍議を行い、攻撃方針を定めた。すなわち、今川方の大高城を包囲する織田方の鷲津《わしづ》・丸根《まるね》の両砦《とりで》を攻略することになった。ある者がこの情報を丸根砦の守将である佐久間大学《さくまだいがく》（盛重《もりしげ》）に告げ、撤退を勧めたが、盛重は死を覚悟して籠城を決意し、清須城《きよす》（愛知県清須市）にいる主君信長に急報した。

織田信長は家臣に迎撃を諮《はか》ったが、林佐渡守《はやしさどのかみ》（秀貞《ひでさだ》）は「敵は四万、味方は三〇〇〇。野戦では勝負になりません」と諫《いさ》め、籠城策を提案した。しかし信長はこの進言を退けた。

五月十九日未明、鷲津砦から「今川方が鷲津・丸根両砦に攻めかかってきました」と報告があった。信長は少しも騒がず、敦盛《あつもり》を舞った。舞い終わると、小姓に鎧《よろい》をつけさせ、立ちながら食事をとった。

信長は主従六騎で清須城を飛び出した。熱田《あつた》（名古屋市熱田区）に着いた頃には雑兵《ぞうひょう》二百余人が追いついた。熱田大明神の旗屋口《はたやぐち》で方々から一〇〇〇騎ばかりが集結した。時に辰《たつ》の刻《こく》（午前八時頃）であった。鷲津・丸根砦の方角から煙が上がっており、落城したようだった。信長は熱田大明神で戦勝祈願をし、丹下《たんげ》砦を経由して善照寺《ぜんしょうじ》砦に入った。信長は進軍の過程で諸城砦《じょうさい》の兵を糾合《きゅうごう》し、善照寺砦の東の狭間でようやく三〇〇〇騎を集めた。

織田軍の先鋒である佐々《さっさ》隼人《はやと》（政次《まさつぐ》）・千秋《せんしゅう》四郎《しろう》（季忠《すえただ》）らは、信長本隊が丹下砦から善照寺砦に移動するのを見て、二〇〇〜三〇〇人を率いて鳴海方面に展開している今川軍先鋒に攻めかかった。信長が寵愛する小姓の岩室長門守《いわむろながとのかみ》（重休《しげやす》）も抜け駆けして参戦した。けれども衆寡《しゅうか》敵せず、佐々・千秋・岩室は討ち取られた。三人の首は義元本陣に運ばれ、首実検が行われた。

激怒した信長は中島《なかしま》砦に移り、陣頭指揮をとろうとした。林秀貞や柴田《しばた》権六《ごんろく》（勝家《かついえ》）らが「多勢に無勢です」と止めるが、「敵は鷲津・丸根両砦の攻略で疲れており、大将の義元は緒戦の勝利で油断している」と譲らない。そこに簗田《やなだ》政綱《まさつな》が放った諜者が沓掛方面から帰ってきて、「義元が大高城に入るために桶狭間に向かった」と報告した。また義元が田楽狭間《でんがくはざま》に駐屯したという情報も入ってきた。

政綱は義元本陣を奇襲することを進言し、信長はこれを採用した。信長は若干の兵を善照寺砦に残し、多くの旗を立てて大軍が守備しているように偽装し、二〇〇〇人ばかりを率いて出陣した。信長軍は旗を巻いて密かに迂回しつつ、義元本陣の背後の山である太子《たいし》ケ根《がね》山に向かった。

今川義元の最期

今川義元の本隊は太子ヶ根山南方の田楽狭間で休憩していた。序盤の勝利に気を良くした義元は酒宴を開いており、完全に油断していた。

織田信長にとって幸運なことに、正午前後に信長が義元の本陣に接近しつつある時、黒雲がたちこめ、大雨が降ってきた。この悪天候が信長軍の姿を隠した。

雨が止むのを待って、信長は「かかれ」と大声をあげて下知した。信長軍は太子ヶ根山を駆け降りて、義元の本陣に殺到した。

今川軍は風雨のため織田軍の接近に気づかず、突然の襲撃を受けて周章狼狽《しゅうしょうろうばい》した。味方の裏切りや喧嘩と誤解する者もいたほどであった。今川軍は混乱の極みを見せ、各所で同士討ちが行われた。義元は旗本三〇〇騎と共に退却したが、次第に人数が減ってきて、ついには五〇騎くらいになった。

信長家臣の服部小平太《はっとりこへいた》（忠次《ただつぐ》）が義元を認めて槍を繰り出したが、義元は太刀を抜いて槍の柄を切り、太刀先で服部の膝を割いた。続いて毛利新介《もうりしんすけ》（良勝《よしかつ》）が義元を組み伏せて、は今川軍を追撃せず、その日のうちに清須城に戻った。

大将を失った今川軍は総崩れとなり、織田軍が討ち取った首は二五〇〇を超えた。信長は二十七歳であった。義元は四十二歳、信長は二十七歳であった。

義元の首を取った。この時、義元は四十二歳、信長は二十七歳であった。

桶狭間合戦の影響

桶狭間合戦は東海地方の勢力地図を大きく塗り変えた。今川氏の西方への拡張戦略は頓挫《とんざ》し、かえって松平元康の離反を招いた。今川氏に従属していた松平氏は独立して西三河を平定し（本書79Ｐ）、さらに東三河に侵攻した。結果、今川氏は三河国を失うことになる。

織田信長は、今川氏から独立した松平元康と同盟を結び（本書79Ｐ）、東方の守りを固めた。これによって信長は尾張統一、さらには美濃《みの》攻略に力を注ぐことができるようになった。永禄四年（一五六一）に美濃の斎藤義龍《さいとうよしたつ》が三十三歳の若さで病死すると、信長は即座に西美濃に出陣し、森部《もりべ》（岐阜県安八町《あんぱちちょう》）で斎藤軍に大勝している。永禄六年（一五六三）には本拠地を小牧山城《こまきやま》（愛知県小牧市）に移し、永禄八年には姉婿の織田信清《のぶきよ》の居城である犬山城《いぬやま》（愛知県犬山市）を攻略して尾張国を統一した。

ただし、信長の美濃平定は永禄十年のことであり、桶狭間合戦から七年を経ている。したがって桶狭間合戦を機に信長の勢力が急速に膨張したわけではない。戦国大名今川氏の滅亡も永禄十二年のことであり、義元の死後に急激に衰退したとは言えない。

桶狭間合戦の勝利が信長の天下取りに直結したわけではない。けれども、あまりに劇的な勝利と、信長の後の飛躍は後世の歴史家に鮮烈な印象を与え、桶狭間合戦を過大視する傾向を生んだ。

徳富蘇峰は次のように語る。「桶狭間の大捷《たいしょう》は、信長を日本全国に広告する、一大引札であった。勝利は無言の裡《うち》に、信長の一切を紹介した。今川・織田の両家が、総ての点において、不釣り合いなるだけ、それだけ戦勝の効果は、較著《こうちょ》であった。もはや何人も信長を無視することは能《あた》わぬ。信長もこの一戦のために、とにもかくにも、日本全国中に識認されたる、一個の勢力となった」と。

桶狭間合戦の結果が日本全国の大名に注目されたことを示す史料は存在しない。蘇峰の推測、ないし願望にすぎない。しかし蘇峰の見解は、多くの歴史小説家に継承され、桶狭間合戦は信長神話の起点として位置づけられることになる。

2　藤本正行説の衝撃

『信長公記』への着目

前節で示した桶狭間合戦の通説的叙述は、旧日本陸軍参謀本部が編纂した『日本戦史　桶狭間役』（一八九九年）、徳富蘇峰『近世日本国民史』などに拠った。これらの文献が典拠としたのは、『甫庵信長記』および、それに影響を受けた『改正三河後風土記』や『織田軍記』、『桶狭間合戦記』などの歴史書・軍記類である。

ところが一九八〇年代、在野の歴史研究者である藤本正行《ふじもとまさゆき》氏が、桶狭間合戦における信長の迂回奇襲作戦は、『甫庵信長記』による創作だと主張する一連の論考を発表し、学界・読書界に衝撃を与えた。

藤本説の特色は、『信長公記』に注目した点である。『信長公記』は織田信長の側近《そば》くに仕えた太田《おおた》牛一《ぎゅういち》の手になる信長の一代記である。信長が足利義昭《あしかがよしあき》を奉じて上洛の軍を起こした永禄十一年（一五六八）から本能寺の変で命を落とす天正十年（一五八二）までの十五年間を、一年一冊ずつにまとめている。牛一は信長の言動を直接見聞きしており、また牛一自身が奥書で「創作はしていない」と宣言しているように、『信長公記』は実録色の強い史料で、信頼性は高い。

もっとも、だからと言って『信長公記』の記述を鵜呑《うの》みにして良いというわけではない。『信長公記』は、義元は桶狭間の戦いに四万五〇〇〇人もの大軍を動員したと記すが、これは多すぎるように思う。寡兵を以《もつ》て大軍を破った信長の偉大さを強調するために、今川軍の数を誇大に記した可能性がある。

江戸初期に成立した『北条五代記』は今川軍を二万五〇〇〇人と記し、これを採用する論者が多い。近世大名の軍役基準は一万石につき二五〇人程度と言われ、また太閤検地《たいこうけんち》のデータを参考にすると、義元の領国（駿河・遠江・三河と尾張の一部）は九〇万～一〇〇万石と古くから指摘されてきた。二万五〇〇〇人ならば、率いても不思議はない数というわけだ。実際、徳富蘇峰も「当時今川氏の領地は、百万石に近きがゆえに、一万石二五〇人の兵役とすれば、まず二万五〇〇〇人くらいであったろう」と述べている。

加えて、『信長公記』は桶狭間の戦いの年を永禄三年（一五六〇）でなく天文二十一年（一五五二）と誤記しており、そもそも牛一はこの合戦に参戦していなかったのかもしれない。桶狭間合戦を記した首巻については、前述の十五巻と異なり自筆本が残されておらず、写本しかない点にも不安が残る。

ともあれ、全体的には『信長公記』の方が、同書を参考に創作や脚色を交えたと見られる『甫庵信長記』より信頼性が高いことは否定できない。何しろ小瀬甫庵は桶狭間合戦が起こった時、生まれてもいなかったのである。『甫庵信長記』は桶狭間合戦から半世紀を経て成立しており、同合戦の参加者は既に物故していたと考えられ、聞き取り調査も不可能であった。そこで藤本氏は『甫庵信長記』を退け、『信長公記』の記述に基づいて桶狭間合戦の現実の経過を復元しようと試みた。その概要を左に示そう。

桶狭間合戦の原因

前節で紹介したように、桶狭間合戦は、今川義元が上洛して天下に覇を唱えるために最初の障害となる織田信長を打倒するために起こった、と江戸時代以来、説かれてきた。

ところが、『信長公記』には、今川義元挙兵の目的が上洛であるとは記されていない。同書によれば、尾張・三河国境に近い織田方の拠点である鳴海城の城主である山口左馬助《やまぐちさまのすけ》が織田信長を裏切り今川勢を城に引き入れた上、大高・沓掛の二城まで今川方に寝返らせたのである。義元は尾張侵攻の足がかりとなるこれら三城を確保するため援軍を派遣したたが、信長もこれに対抗して、鳴海・大高両城を包囲する形で、丹下・善照寺・中島・丸根・鷲津の五つの砦を付け城として造った。すると義元は、織田軍の封鎖作戦によって前線で孤立した鳴海・大高両城を救出するため、自ら出陣したのである。

藤本氏の言葉を借りれば、「今川方の鳴海城の奪取→付け城による信長の鳴海城封鎖→救援（後詰《ごづめ》という）に出動する義元という手順を踏んで、桶狭間合戦は起きた」のだ。したがって上洛がどうのとか天下がどうのといった大仰な話は関係ない。織田方の封鎖を排除し、尾張国内にできた橋頭堡《きょうとうほ》（沓掛・鳴海・大高）を確保するための作戦行動にすぎない。清須城を攻略して信長を滅ぼすことは、最初から目標に入っていなかった。藤本氏は「桶狭間合戦は、当時としてはごく平凡な、群雄間の境界争いの結果として起きた、ローカルな事件だったのである」と論じている。

迂回奇襲という虚構

前節で触れたが、織田信長は善照寺砦から間道を通って田楽狭間の背後の太子ヶ根山に回り、谷底に布陣していた今川義元に対して奇襲を行った、と考えられてきた。この迂回奇襲説を信長の天才的作戦として世間に広めたのは『日本戦史　桶狭間役』に全面的に依拠して桶狭間合戦を活き活きと叙述した徳富蘇峰の『近世日本国民史』である。そして『日本戦史』が利用した史料は『甫庵信長記』や『桶狭間合戦記』といった江戸時代の物語であった。

これに対し藤本氏は、『信長公記』を丁寧に読み解き、同書には信長軍が大きく迂回して今川軍の背後をとったという記述がないことを発見した。すなわち、『信長公記』には、善照寺砦の信長は、家臣たちの反対を「ふり切って中島へ御移り候」と明記されている。これに従えば、信長は善照寺砦からすぐ南の中島砦に移っているのである。

むろん、この『信長公記』の記述は以前から知られていた。けれども、これまでの研究者・作家らは『日本戦史』の迂回奇襲説に惑わされて、右の記述を軽視してきた。たとえば徳富蘇峰は、「……と、太田牛一は記したが、その実は中島には移らず、善照寺より、田楽狭間の方に赴いたと、信ずべき理由がある」と述べ、『日本戦史』の説を採用する。しかしながら、『日本戦史』の当該記述の根拠は『桶狭間合戦記』などの軍記類なので、より信頼性の高い史料である『信長公記』の記述を却下する理由にはならない。

そもそも、信長が善照寺砦から東に進んで山中を大迂回し、義元の本陣の背後に回ったという通説は、作戦行動として不合理なのである。藤本氏が説くように、迂回する信長軍

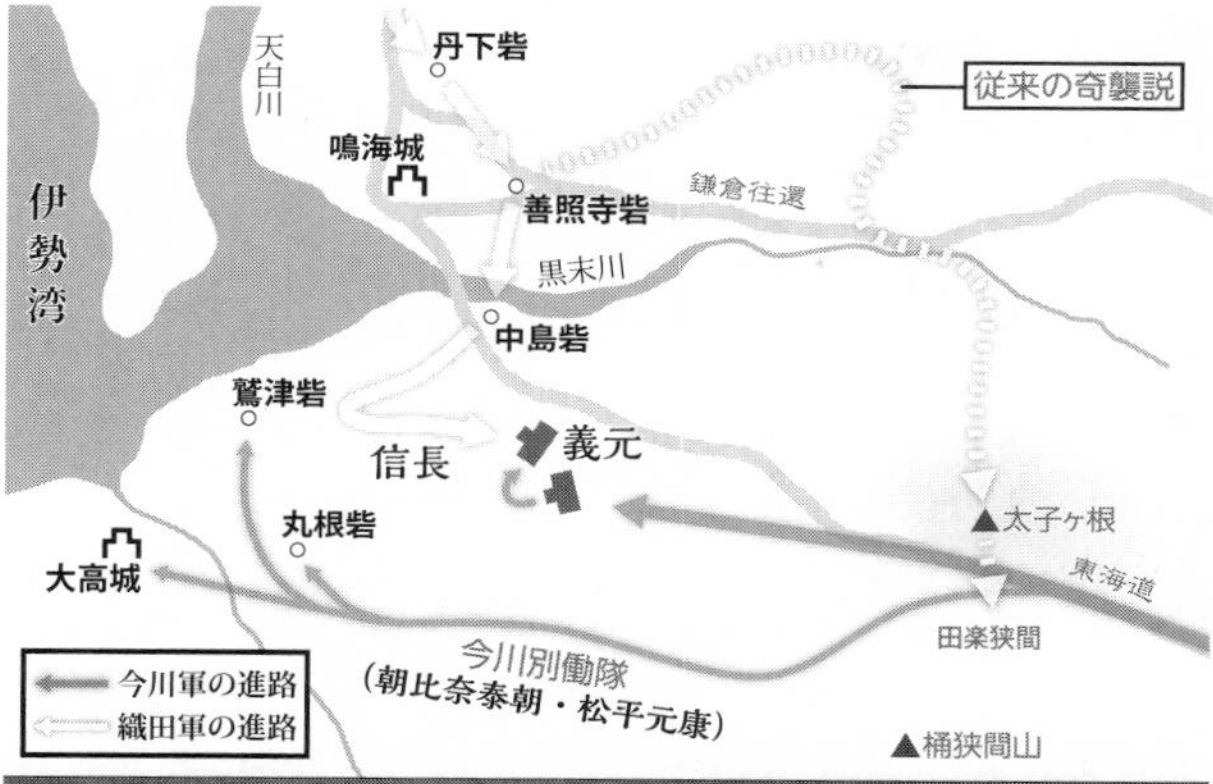

桶狭間の戦い(両軍の進路)

が鳴海方面に展開する今川軍先鋒に発見されない保証はないし、田楽狭間到着前に義元が本陣を移さぬ保証もない。

また、『信長公記』によれば、義元の本陣は田楽狭間ではない。義元は沓掛城と、鳴海城および大高城の間にある「おけはざま山」で休息している。通説では、桶狭間・田楽狭間という地名から、今川軍本隊は谷底にいたように考えられているが、実際には義元は見晴らしの良い丘陵地帯に布陣しており、織田軍の動きを眼下に収めていた。今川軍は鷲津・丸根両砦も落としており、善照寺砦の信長が今川軍の監視を逃れて進軍することは不可能である。藤本氏は「信長が進軍中に、鷲津・丸根砦が落ちたことを知ったにもかかわらず、善照寺砦に入ったということは、彼が最初から、その行動を隠蔽《いんぺい》する意思がなかったことを示しているのである」と指摘している。

藤本氏は言う。仮に信長が最初から義元の首を狙っており、しかも義元の居場所を把握していたなら、迂回路などとらず、善照寺砦から中島砦を経由して義元が布陣する「おけはざま山」に至る直線的な最短ルート（約三キロメートル）を全速力で急行するだろうと。遠回りをして時間を浪費している間に義元が移動してしまったら元も子もないからである。

前述の通り、『信長公記』の記述に従えば、信長は中島砦に移動している。中島砦は川の合流点に築かれた砦で、付近では最も低い場所にある。したがって信長の移動が今川方に気づかれぬはずはない。実際、義元は旗本と共に後方に待機し、本隊の一部隊（藤本氏はこれを「前軍」と呼んでいる）を前進させ、中島・善照寺の両砦に備えている。今川軍の警戒態勢を承知で中島砦に移った以上、隠密に行動して義元に奇襲をかける意図は信長になかったと藤本氏は推定する。

『信長公記』には、信長が「おけはざま山」の「山際」まで軍勢を進めたところで豪雨となり、その雨が上がったところで戦闘を開始したとあり、豪雨がある程度の隠蔽効果を発揮した可能性はある。だが同書を読む限り、信長は中島砦を出て東に進み、東向きに戦ったと考えられる。藤本氏が評するように、「堂々たる正面攻撃」であり、迂回奇襲ではない。

信長の勝因は何か

藤本氏が主張する通り、織田信長が今川義元に対して正面攻撃をかけたとすると、人数的に劣勢のはずの信長が義元の大軍に勝てた要因が問題になる。この難題を解くために、藤本氏は太平洋戦争のミッドウェー海戦を参照している。

戦力的に優勢であった日本の南雲《なぐも》艦隊がアメリカ太平洋艦隊にミッドウェーで惨敗した理由として、作戦目的の二重性が挙げられている。聯合艦隊司令部は、ミッドウェー島の攻略と米機動部隊の撃破という二つの目的のどちらを優先するか作戦立案の段階で詰めていなかった。このため、南雲艦隊の機動部隊がミッドウェー基地を攻撃している最中に、米機動部隊が出現した時、南雲艦隊の対応は遅れ、米機動部隊から一方的な攻撃を受けてしまった。

桶狭間合戦における今川義元にも同様のミスがあった、と藤本氏は指摘する。義元の当面の目標は、織田方の五つの砦を攻略することにあったが、信長率いる織田軍主力部隊を有利な条件で捕捉できれば、決戦も視野に入れていた。だが義元は砦の攻略と信長の撃滅について、明確な優先順位を定めていなかった。このため、砦を攻略している最中に信長が主力を率いて介入してくると、今川軍は想定外の事態を前に大混乱に陥ってしまったのである。

藤本氏は「今川軍は、信長不在という前提に立って、作戦を進めてきた。そこに信長出現という計算外の事態が生じた時、対応が遅れるのは当然であろう。（中略）彼ら（筆者註：今川軍の「前軍」）は、背後にいる義元にお伺いをたてて行動せねばならず、信長が陣頭指揮を執る織田軍とは、決断力と実行力において、はじめから大差が付いていた」と論じている。対応の遅れにより今川軍の前軍は崩壊し、織田軍は前軍を破った勢いで、義元の本陣になだれ込んだのである。

3　藤本説以後の諸説

正面攻撃説への批判

藤本正行氏の正面攻撃説は通説を根底から覆す衝撃的なものだったため、批判も寄せられた。歴史作家の桐野作人《きりのさくじん》氏は、『甫庵信長記』の史料的価値を藤本氏が過小評価していると批判している。

桐野氏は『信長公記』の諸本の一つ、天理図書館所蔵『信長記』（以下、天理本と略す）に着目する。同書は、他の『信長公記』諸本と比べて、桶狭間合戦に関する独自の記述が散見される。しかも、その記述は『甫庵信長記』のそれと類似しているのである。

たとえば、桶狭間合戦前夜の清須城の様子である。以前から知られていた公益財団法人陽明《ようめい》文庫所蔵『信長公記』（以下、陽明文庫本と略す）によれば、織田信長は軍議らしい軍議を行わず、雑談をしてお開きにしたため、家老たちは「運の末には知恵の鏡も曇るとはこのことよ」と呆れたという。

これに対し天理本では、信長の決戦論に家老たちが反対して清須籠城策を唱えたとなっている。『甫庵信長記』でも、林秀貞が籠城策を進言しており、天理本に近い。

桐野氏はこの類似性から、小瀬甫庵が『甫庵信長記』を著述するにあたって、天理本系統の『信長公記』を参照した可能性を指摘する。この推定が正しければ、『甫庵信長記』の桶狭間関係の独自記述は必ずしも甫庵の創作によるものではなく、天理本など、私たちが把握していなかった史料に基づくものかもしれず、一定の信頼性を備えたものと評価され得る。

しかし天理本は写本であり、桐野氏も認めるように、寛永年間頃に書写されたと考えられる。この年代は『甫庵信長記』の初刊年より遅い。よって、『甫庵信長記』を参照し、その内容を取り込む形で天理本が成立した蓋然性が高い。天理本に似ていることは、『甫庵信長記』の信頼性を高めることにつながらないのだ。

記述が簡潔な陽明文庫本の方が天理本より先に成立しており、『信長公記』の原形に近いと捉えるのが妥当だろう。桶狭間合戦の経過を復元する際には、陽明文庫本の記述に基づくべきであり、天理本の記述は藤本説への有効な批判にはならない。

そもそも藤本氏が説くように、清須城籠城は非現実的な作戦である。戦国時代において、国境地帯の城に立て籠もる事例は多いが、本拠地まで退いて籠城する例はほとんどない。本城籠城策は前線の将兵を見殺しにするということを意味し、将士の心が離れてしまうからである。『甫庵信長記』や天理本が記す籠城策は、信長がそれを一蹴することで、信長の勇猛果敢さを際立たせようとした創作であると考えられる。

正面攻撃説の問題点

藤本説への疑問点として、奇襲をかけられたわけでもないのに、今川軍の前軍が信長の一撃で簡単に崩れてしまった理由が十分に説明されていないことが挙げられる。藤本氏は、信長軍の襲撃を受けた前軍が独断で反撃せず、後方の義元本陣に連絡・報告したため対応が遅れたのではないか、と述べているが、これは推測にすぎず、史料的根拠はない。

さらに藤本氏は「劣勢なはずの織田軍が、午後二時という非常識な時間（味方の意図や布陣を隠し、戦闘時間を確保するため、準備は夜間にすませ、明け方に戦闘開始するのが常識）に、低い場所にある中嶋砦から強襲をかけてきた」ため、「予想外の事態に対応策をとる間もなく、前軍は一挙に粉砕され」たと説くが、これも推測の域を出ない。

この藤本説を補強しようとしたのが、織田家臣団研究で知られる谷口克広《たにぐちかつひろ》氏である。谷口氏は、信長が率いる軍勢が全員戦闘員で構成されていたのに対して、今川軍の「前衛軍」には輸送部隊など非戦闘員が多く含まれていた、と主張する。そして谷口氏によれば、信長軍の攻撃によって今川軍の非戦闘員が動揺して前軍の統制が乱れたため、前軍の敗走兵が本陣になだれ込み、混乱が義元の周囲にまで波及したというのだ。

興味深い仮説であるが、明確な史料的根拠はなく、通常後方の安全地帯に置かれる非戦闘員が前線に配置された理由も説明されていない。谷口氏の研究によって正面攻撃説の弱点が解消されたとは言えない。

乱取状態急襲説とその問題点

歴史学者の黒田日出男《くろだひでお》氏は、迂回奇襲説を実証的に否定した藤本氏の研究を高く評価しつつも、『信長公記』に全面的に依存している点に懸念を示している。すなわち、太田牛一はあくまで桶狭間合戦を織田家の側に立って、信長を英雄的に描いており、同書は必ずしも客観中立的な史料とは言えない。黒田氏は「桶狭間合戦のクライマックスは著しく物語的であり、この箇所については、『甫庵信長記』の叙述とあまり違わないとも言えそうなのである」と指摘している。加えて、前述した通り、太田牛一は桶狭間合戦に参加しておらず、後に合戦参加者から得た伝聞情報に基づいて同合戦の経過を書き記したと思われ、その記述を鵜呑みにすることには一抹の不安が残る。

黒田氏は、信長軍が中島砦から「おけはざま山」の「山際」までの行軍中に、今川軍に気づかれなかった理由を藤本説が提示していないことを批判している。藤本氏がこの点について説明できないのは、『信長公記』に当該部分の記述がないからである。

そこで黒田氏は、右の欠を補うために、『甲陽軍鑑』に目をつけた（本書32P）。

従来、『軍鑑』は誤謬《ごびゅう》が多い偽書として軽視されてきたが、国語学者の酒井憲二氏が良質の写本を検討し、同時代の語彙によって書かれた信頼できる史料であると結論づけた。黒田氏は酒井氏の仮説を支持し、『軍鑑』を戦国武将が書き記した同時代の戦記として、『信長公記』と比べても遜色ない一級史料として評価している。成立時期に限って言えば、一五七三年から八六年まで書き継がれた『軍鑑』は、『信長公記』より成立が早いことに注意を喚起する黒田氏は、「もっともっと一六世紀史研究に活用されて然るべき」と訴えている。

黒田氏は、「駿河勢の諸方へ乱取《らんどり》にちりたる」という記述が『軍鑑』にある点に着眼する。また義元は三河国の出家衆と酒盛りをして、「敵ハなきぞ」と豪語していたという。鷲津・丸根砦を陥落させ、織田方の佐々・千秋・岩室を撃退した時点で、今川軍は勝利を確信していた。今川軍の足軽たちはあちこちに略奪に出かけ、本陣は手薄になっていた。義元も酒を飲んでおり、完全に油断していた。

そして『軍鑑』によれば、今川軍の陣形が乱れ、規律が弛緩《しかん》していることを見てとった信長は、七、八〇〇の軍勢で、今川軍に紛れ込むようにして義元の本陣に接近し、義元の首を討ち取ったという。乱取で散開していた今川軍の隙を突く形で信長は急襲によって勝利を得たというのが黒田氏の主張であり、氏は「乱取状態急襲説」と名付けている。けれども、『軍鑑』の原作者である春日虎綱は桶狭間合戦の当事者ではなく、伝聞情報を記したにすぎない。付言するならば、『軍鑑』を一五七三年から八六年の同時代史料とみなすのは、やはり勇み足であり、軍学書としての体裁を整えるために小幡景憲が後から加筆したことは疑いない（本書39・40P）。『信長公記』に匹敵する一級史料という評価は明らかに過大である。改めて信長の攻撃が成功した要因を考える必要があろう。

広義の「奇襲」説

今川氏研究で著名な平野明夫《ひらのあきお》氏は、藤本氏の正面攻撃説を再評価し、織田方の佐々・千秋らの抜け駆けを勝因として挙げている。第1節でも触れたように、佐々・千秋らは二、三〇〇人を率いて今川軍に攻めかかった。佐々らがどこから出撃したのかは記されていないが、おそらく中島砦であろう。『信長公記』を読む限り、今川軍は前進して迎え撃ったようである。今川軍は首尾よく佐々・千秋らを討ち取り、義元はそのままそこに陣を留めたというから、義元は「おけはざま山」を降りて、平地（中島砦の東方）に陣を移したと解釈できる、と平野氏は説く（本書63P地図）。

要害の地を捨てた今川軍の隙を信長は見逃さず、すぐさま善照寺砦を出陣した。信長軍にとって幸運なことに、「山際」まで進軍した時、豪雨が降ってきた。雨は投げつけるように、今川軍の顔を打ったというので、織田軍の動静を監視することが疎かになった。信長はこの機に乗じて義元本陣に近づき、雨が止んだところで一気に進撃したのである。

平野氏は「今川軍は、ようやく視界が開けたと思ったら、織田軍が攻めてきたのである。…（中略）…そうすると、今川軍からすると、いきなり襲ってきた感じがしたであろう」と推測する。歴史学者の小和田哲男《おわだてつお》氏も「このときの信長の攻撃は、広い意味での奇襲の範疇に入るのではないかと考えている」と述べている。たとえ正面からの攻撃だったとはいえ、全く考えてもみなかったところから敵が出現したのであれば、奇襲と呼んで構わない、という評価である。筆者もこの見解に従いたい。

兵力拮抗説

そもそも織田信長が寡兵を以て今川義元の大軍を破ったという前提を疑うべきだとの主張も存在する。歴史作家の橋場日月《はしばあきら》氏は、江戸初期における駿河・遠江・三河三国合計の米の生産石高を約七十万石と試算し、これに対し尾張一国の石高が江戸初期で五十九万石にも達することから、織田・今川両氏の動員可能兵力に大差はなく、織田軍の実数は『信長公記』などが記す二〇〇〇〜三〇〇〇人より多かったと論じている。

確かに先述の通り、『信長公記』が織田信長の偉大さを強調するために、両軍の兵力差を誇張した可能性はある。けれども、当時の信長はいまだ尾張一国の平定を果たしておらず、尾張全土の武士たちに画一的な軍役を課すほどの実力を備えていたとは考えられない。『信長公記』が語るほど極端でないにせよ、兵力差はあったと見るのが自然であろう。

歴史学者の播磨良紀《はりまよしのり》氏は、西三河はまだ今川領として安定しておらず、西三河の各地に鎮定のために兵力を分散させており、織田軍との兵力差は見かけほどには大きくなかったと説く。一考に値する仮説ではあるが、西三河が不安定な状況だったとしたら、義元が敵地深くまで進出するだろうかという疑問が湧く。西三河で大規模な反乱が起きたら、義元は退路を断たれかねない。むしろ義元の不用心とも言える行動は、今川領内を移動しているという安心感を前提にしなければ理解できない。やはり兵力差はあったと考えたい。

このように桶狭間論争は今なお諸説が乱立しており、意見の一致を見ない。だが、迂回奇襲説が成り立たないことは学界の共通見解になっている。藤本氏は、桶狭間神話を妄信して、奇策による一発逆転を狙って敗北を重ねた旧日本軍を鋭く批判した。信長の型破りな発想力を讃える政治家・ビジネスマンは依然として多いが、旧日本軍の二の舞にならぬよう、歴史を学び直してほしい。

第三章　三方ヶ原の戦い

1　通説が語る三方ヶ原合戦

三方ヶ原合戦の目的と結果

武田信玄と徳川家康が激突した三方ヶ原合戦は、徳川家康の生涯唯一の「大敗」として知られている。しかし三方ヶ原合戦は、武田信玄と徳川家康の単なる個人的な交戦ではなかった。当時、織田信長と徳川家康は同盟関係にあり、信長は反信長「包囲網」と激闘を繰り広げていた。三方ヶ原合戦は、信玄が反信長包囲網の一環として行った作戦でもあった。家康が三方ヶ原合戦で敗北したことは、信長にとっても危機であった。

三方ヶ原合戦は一般に、武田信玄が上洛《じょうらく》するための戦争であった、と解釈されている。ただ近年の学界では、右の見解に否定的である。この論点について、三方ヶ原合戦に至る政治的経緯を解説した上で紹介したい。

よく知られているように、三方ヶ原合戦で勝利した武田信玄は間もなく病没する。これによって織田信長は九死に一生を得たとされる。これについても、信玄が死なずに信長と戦っていたとしても、信長には勝利できなかったという説がある。この問題についても後で論じていきたい。

武田信玄と徳川家康の今川領分割

三方ヶ原合戦に至る経緯を簡単に説明しておく。永禄三年（一五六〇）五月、今川義元が桶狭間で戦死すると、今川軍は全軍撤退した。松平氏の本拠である岡崎《おかざき》城（現在の愛知県岡崎市）からも今川氏の兵は退去したので、松平元康（のちの徳川家康）は岡崎城を占拠した。家康・秀忠《ひでただ》・家光《いえみつ》三代に仕えた徳川の譜代家臣である大久保彦左衛門《おおくぼひこざえもん》が著した『三河物語《みかわものがたり》』は、岡崎入城直後に家康は今川氏から自立したかのように叙述するが、近年の研究では今川氏真《うじざね》（義元の嫡男）の了解を得て岡崎城に入ったと考えられている。

翌永禄四年二月頃、松平元康は織田信長と起請文《きしょうもん》を交換して和睦し（俗に「清須《きよす》同盟」と言われるが、家康が信長の本拠である清須城に赴いた事実、停戦以上の積極的な規定の存在は確認できない）、四月には今川氏と断交し、東三河への侵攻を開始した。永禄六年には今川義元から賜った「元康」から「家康」に改名し、今川氏からの独立を明確化した。永禄九年五月には、唯一今川方の国衆として家康に抵抗していた牛久保《うしくぼ》城（現在の愛知県豊川《とよかわ》市）の牧野成定《まきのなりさだ》を降伏させ、三河国をほぼ平定した。これを機に家康は「徳川」に改姓し、朝廷に申請して三河守に任官、三河の国主としての権威を固めた。一方の今川氏は遠江での反乱（遠州忩劇《そうげき》）に悩まされていた。

武田信玄はこうした形勢を見て、今川領への侵攻を検討する。しかし武田氏・今川氏・北条氏の三国は同盟を結んでおり（本書25P）、信玄の嫡男である義信《よしのぶ》が今川氏真の妹を娶るという政略結婚も行われていた。ところが信玄は永禄八年十月に義信を廃嫡する。しかもその直後、義信の異母弟（信玄四男）である勝頼の妻に信長の養女（のちの龍勝院《りゅうしょういん》）を迎えている（『甲陽軍鑑』）。永禄十年十月、信玄はついに義信を自害に追い込んだ（病死説もある）。さらにこの頃、信玄は娘松姫《まつひめ》と信長の嫡男信忠《のぶただ》との政略結婚を約束している（『甲陽軍鑑』、ただし近年は永禄十二年説が提出されている）。今川氏との友好の象徴であった義信を殺害し、今川氏の仇敵である織田氏に接近するという信玄の行動は、明らかに今川氏との同盟破棄への布石であった。上洛を目指す信長にとっても、背後の安全を確保するために信玄との同盟は必要であった。

永禄十年五月、徳川家康の嫡男信康《のぶやす》と信長の娘徳姫《とくひめ》が結婚した（『武徳編年集成』など）。こうして織田・武田同盟（甲尾《こうび》同盟）、織田・徳川同盟が成立し、織田氏を介して武田氏と徳川氏の提携関係が生じた。この頃には、武田と徳川で今川領を分割する密約（甲三《こうさん》同盟）が成立していたと考えられる（「肥前田嶋家文書《びぜんたじまけ》」など）。延宝《えんぽう》末から天和《てんな》年間（一六八一〜八三）頃に成立したとされる「浜松御在城記《はままつございじょうき》」によれば、大井《おおい》川を境として、武田が駿河を、徳川が遠江を奪うという密約だったという。ただし最近の研究によると、大井川という大まかな境界を定めつつも、双方切り取り次第であり、武田が遠江に、徳川が駿河に進出することを必ずしも否定するものではなかったとされる。

永禄十一年十二月六日、武田信玄は兵を率いて甲府を発し、駿河に侵攻した。早くも十三日には駿府《すんぷ》（現在の静岡市）に入り、今川氏真は遠江掛川に逃れた。信玄の駿河攻めに呼応して、徳川家康が遠江に出陣し、十二月二十七日には氏真がいる掛川城を包囲した。

しかし家康は掛川城を攻めあぐね、翌永禄十二年五月、家康は「信玄を駿河から追い払ったら駿河を氏真に返還する」との条件で氏真と和睦し、掛川城を開城させた（『松平記』）。氏真は伊豆に赴き、縁戚の北条氏康を頼った。信玄の遠江進出を阻止するため、家康は早く掛川城を確保する必要があったのだろうが、信玄との密約に明白に違反している。信玄は織田信長に対し「家康は氏真と和睦しないと約束していたのに、氏真を殺しも捕らえもせず逃がしてしまったのは言語道断である」と抗議している（「神田孝平氏旧蔵文書」）。これを機に信玄は家康に不信感を抱くようになり、三方ヶ原合戦の遠因が生じた。

武田信玄と徳川家康の対立

武田信玄は駿府攻略の際、今川氏真の正室で北条氏康の娘である早川殿《はやかわどの》の保護を怠った。娘が命からがら城を脱出したと知った氏康は激怒し、武田氏と断交、長年敵対関係にあった上杉謙信と同盟を結んだ（越相《えつそう》同盟）。北条氏が今川氏を支援したため、信玄の駿河侵攻はかなりの苦戦を強いられた。けれども信玄は駿河制圧を諦めず、一つ一つ城を落としていった。

今川氏真が徳川家康と和睦した後も、今川氏遺臣は駿河の各城で武田信玄に抵抗した。信玄は駿河で今川遺臣の掃討作戦を進めつつ、遠江への勢力拡大をも策した。家康は信玄の動きを警戒し、元亀《げんき》元年（一五七〇）には本拠を三河の岡崎城から遠江の浜松城（現在の静岡県浜松市中《なか》区）に移した（『当代記』）。

さらに家康は元亀元年十月、上杉謙信と密かに同盟を結んだ（越三《えつさん》同盟）。信玄の仇敵である謙信は前年に信玄と和睦を結んでいたが（甲越和与《こうえつわよ》）、翌元亀元年七月には信玄と断交し、再び敵対関係に入った。家康は謙信宛の書状で、信玄との断交（甲三同盟の破棄）、織田・上杉同盟締結への協力、甲尾縁談（信玄の娘である松姫と信長の嫡男である信忠との婚約）破棄への協力を約束している。信長と信玄は同盟関係にあったが、家康は信玄を仮想敵とみなし、織田・上杉・徳川の三国同盟で武田を包囲することをたくらんだのである。いや、前述の通り、上杉謙信は北条氏康と同盟を結んでいたので、家康のもくろみが成功すれば、武田は四方を包囲されることになる。

ところが元亀二年十月に北条氏康が病死すると、家督を継いだ氏政は同年末に上杉謙信との同盟を破棄し、武田信玄と同盟を結んだ（甲相《こうそう》同盟）。北条氏は、対武田戦争に協力しない上杉氏に大きな不満を持っており、代替わりを機に外交政策の大転換を行ったのである。

『甲陽軍鑑』によれば、甲相同盟の申し入れを行ったのは北条側からだった。武田の重臣たちは同盟に反対し、氏政との決戦を主張したが、信玄は自分の体の不調を訴え、「生きている間に上洛して天下を取るには氏政との同盟が必要だ」と説得したという。後述するように、信玄が天下を狙っていたかについては議論があるが、徳川領に侵攻する際の背後の憂いをなくすことが同盟締結の目的であったことは疑いない。

両軍の激突

元亀三年冬、ついに武田信玄は織田・徳川領への侵攻を開始した。九月末には山県昌景《やまがたまさかげ》らの部隊を先発させ、十月三日には自ら甲府を出陣し（「南行雑録《なんこうざつろく》」）、十日には徳川領の遠江に入った（「古今消息集」）。なお遠江への侵攻経路は従来、信濃から遠江に入ったと考えられてきたが、近年の説では信玄本隊は駿河から遠江へと西進した、とされる。信玄は十一月には浜松の北方二十キロメートル、天竜川《てんりゅうがわ》沿いの二俣《ふたまた》城（現在の浜松市天竜区）を包囲し、一ヶ月を要してこれを開城させた（『三河物語』『当代記』など）。

信玄は二俣城の修築などを行った後、十二月二十二日早朝に同城を出発し、秋葉《あきば》街道を南下して浜松城に迫るかに見えたが、途中で西に転じ、大菩薩《だいぼさつ》（欠下平《かけしたびら》、現在の浜松市東区）から三方ヶ原の台地（同北区）に上がった。そして追分《おいわけ》から北に進路をとって祝田《ほうだ》に向かった（『三河物語』「浜松御在城記」など）。浜松城で武田軍を迎え撃とうとしていた徳川家康は、武田軍が浜松城を素通りして三河に出て、さらに東美濃に向かおうとしていると知ると、浜松城を出て武田軍を追撃した。

家康の狙いは、三方ヶ原台地を祝田の坂から下ろうとする武田軍を背後から急襲することにあった。しかし武田軍は坂を下らなかった。三方ヶ原台地で反転し、家康の軍を待ち構えていたのである（『三河物語』）。

両軍は三方ヶ原台地上で衝突した。『三河物語』によると、武田軍は三万余、徳川軍は八千だったという。織田信長は佐久間信盛《さくまのぶもり》・平手汎秀《ひらてひろひで》ら率いる三千の兵を援軍として送っていたので（『総見記』）、織田・徳川連合軍は一万余ということになる。ただし『当代記』や「浜松御在城記」などは、織田援軍も含めて八千と記す。武田軍三万余は多すぎるとの批判があり、二万五千ほどだったという見解が有力である（なお『当代記』は二万とする）。激戦の末、徳川方は千余人が戦死するという大敗を喫し（「伊能《いのう》文書」『当代記』）、家康は命からがら浜松城に逃げ帰った。

武田信玄の死

三方ヶ原で徳川方を破った武田信玄は、浜松城に攻めかかることはせず、浜松城の北に位置する犀ヶ崖《さいががけ》に移動した。『三河物語』「浜松御在城記」など徳川方の史料によれば、家康家臣の大久保忠世《おおくぼただよ》・天野康景《あまのやすかげ》が夜襲をかけたというが、いささか疑わしい。仮に夜襲が事実だとしても、徳川方の史料が語るような大打撃を武田軍に与えたとは考えられない。

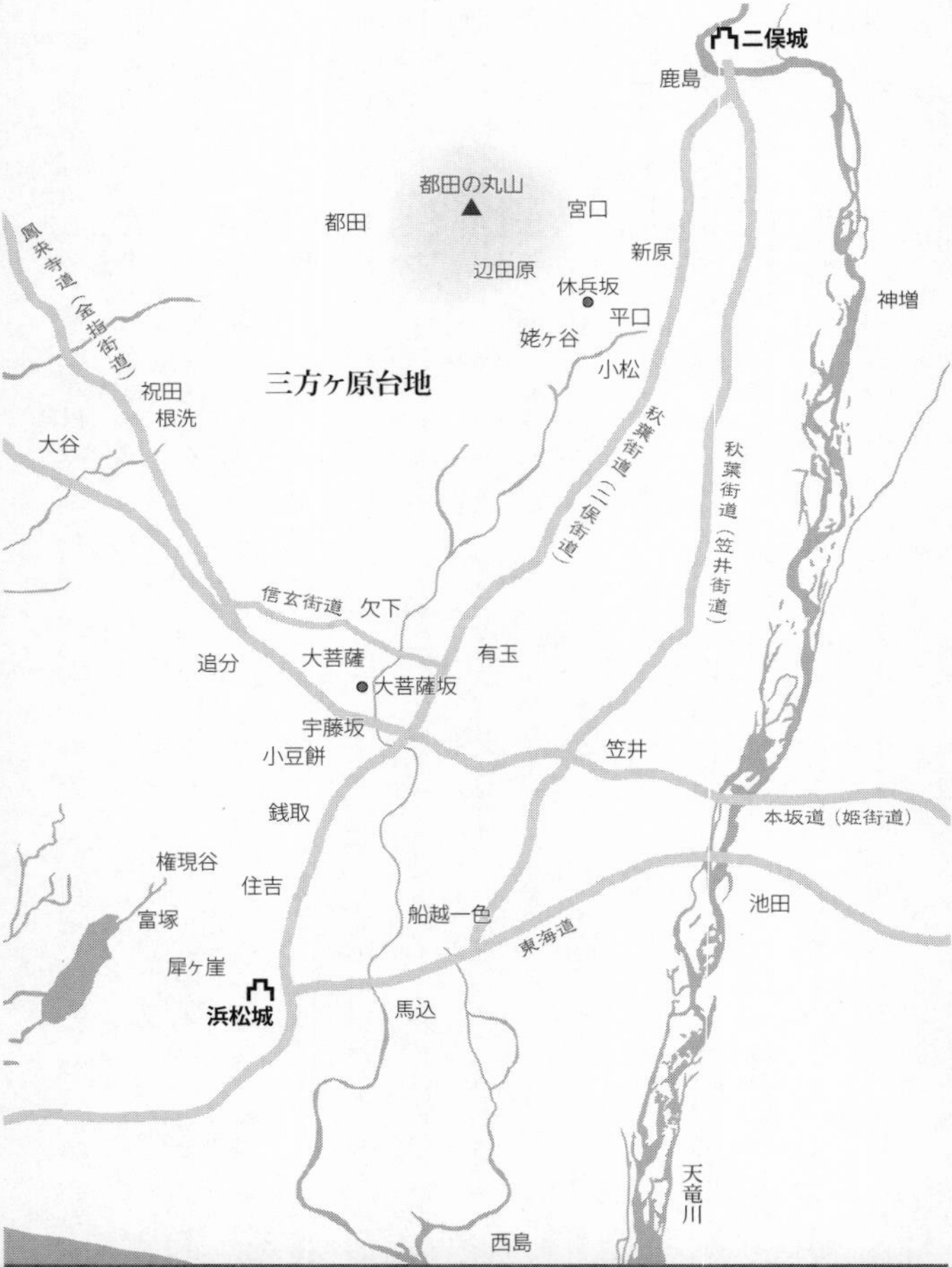
二俣城
鹿島
都田の丸山
都田
宮口
新原
辺田原
休兵坂
神増
平口
姥ヶ谷
小松
鳳来寺道（金指街道）
三方ヶ原台地
祝田
根洗
大谷
秋葉街道（二俣街道）
秋葉街道（笠井街道）
信玄街道
欠下
有玉
追分
大菩薩
大菩薩坂
宇藤坂
小豆餅
笠井
銭取
本坂道（姫街道）
権現谷
住吉
池田
富塚
船越一色
東海道
犀ヶ崖
浜松城
馬込
天竜川
西島

三方ヶ原合戦 関係地図

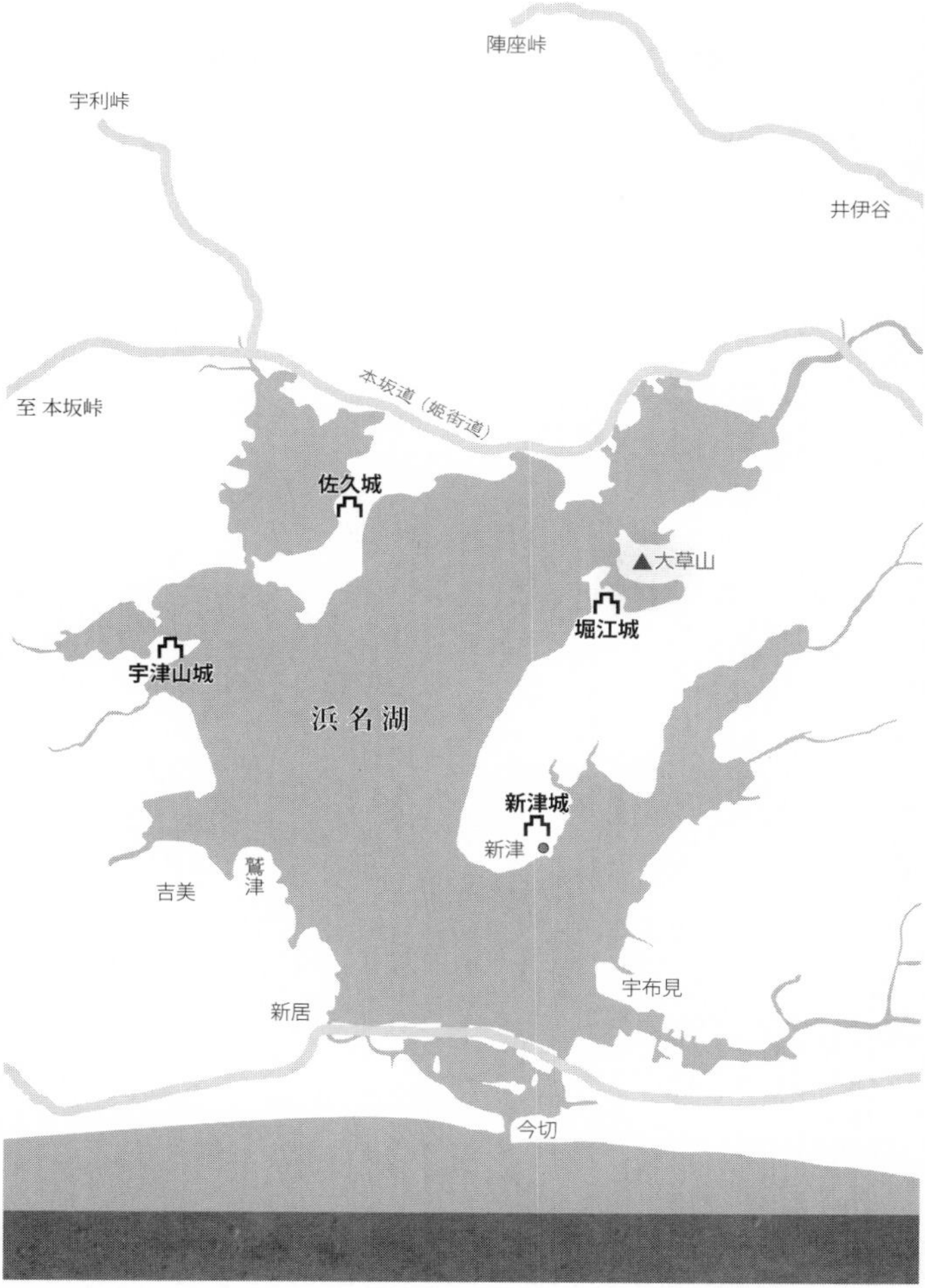
陣座峠
宇利峠
井伊谷
本坂道（姫街道）
至 本坂峠
佐久城
大草山
堀江城
宇津山城
浜名湖
新津城
新津
鷲津
吉美
宇布見
新居
今切

翌十二月二十三日、信玄は刑部《おさかべ》（現在の静岡市北区）に陣を移して越年した。翌元亀四年（天正元年、一五七三）正月、信玄は刑部から三河に進んで、菅沼定盈《すがぬまさだみつ》・松平忠正《ただまさ》らが守る野田《のだ》城（現在の愛知県新城《しんしろ》市）を包囲する（「浜松御在城記」）。しかし城兵の徹底抗戦により、攻略は難航し、ようやく二月中旬頃に開城にこぎつけた（「古証文」）。

右に見るように、三方ヶ原で圧勝したにもかかわらず、以後の武田軍の動きは緩慢であった。これは総大将である信玄の病状悪化が影響したものと思われる。

その後、武田軍は北上して長篠城に入った（「細川《ほそかわ》家文書」）。ここで信玄は三月中旬、家康方と人質交換を行った（『松平記』など）。そして信玄は本国甲斐に戻る途上の四月十二日、信濃国駒場《こまば》（現在の長野県下伊那《しもいな》郡阿智《あち》村駒場）で息を引き取った（『松平記』『当代記』など）。享年五十三。

信玄は臨終に際して、三年の間は喪を秘すようにと遺言したと伝わるが（『松平記』『当代記』『甲陽軍鑑』など）、諸大名は早い者で四月下旬、遅い者でも五月中には「信玄は死んだらしい」という情報をつかんでいた（「上杉家文書」など）。

武田信玄の上洛に期待していた将軍足利義昭は、二月に挙兵したが、織田信長の攻勢に抗しきれず、四月に講和した。しかし七月三日には講和を破棄し、宇治《うじ》の槇島《まきしま》城（現在の京都府宇治市槇島町）で再び挙兵した。信玄の死を義昭が知らなかったとの説もあるが、現在では知っていたとする見解が有力である。既に信長と義昭の関係は修復不能になっており、信玄の上洛の有無にかかわらず、義昭は戦端を開かざるを得なかったのだろう。

周知のように、信長に槇島城を攻められた義昭は息子の義尋《ぎじん》を人質として差し出して降参し、畿内《きない》から去った。これをもって直ちに室町《むろまち》幕府が滅亡したとは現在の学界では考えられていないが、大きな画期であることは確実である。信玄の死は義昭追放に帰結し、信長の畿内支配を新たな段階に進めたのである。

2　三方ヶ原合戦をめぐる論争

武田信玄は上洛を目指していたか

武田信玄の出陣が上洛を目的としていた、という見解は早くも江戸時代の『三河物語』に見え、長らく通説の位置を保っていた。徳富蘇峰も『近世日本国民史　織田氏時代前編』で、上洛を信玄の「宿昔の志」であると指摘している。小和田哲男氏も一九八九年に発表した『三方ヶ原の戦い』で「信玄も、『信長に代わって天下に号令したい』という野望をもっていたので、義昭の思惑と一致し、義昭の信長打倒計画にのせられたふりをしながら、京都に旗を立てる機会をねらっていたのである」と解説している。

とはいえ、通説に異を唱える者がいなかったわけではない。歴史学者の高柳光壽《たかやなぎみつとし》は一九五八年に発表した『戦国戦記　三方原の戦』において、早急な上洛は非現実的であると否定した。高柳は「三方原の戦は、将来上洛しようと望んでいる信玄の、その希望実現への過程における一戦であったことは事実であるが、しかしこの一戦の余威をもって直ぐに上洛しようとするような戦争、上洛のための直接の戦争でなかったことは明らかである」

「信玄が三方原へ出た真意は、遠江を手に入れようとしたことにあったとすべきである」と述べている。家康に打撃を与え、信長の勢力を削減した上で将来的に上京するという遠大な計画であるというのだ。実際、信玄は三河国衆の奥平定勝《おくだいらさだかつ》に宛てた書状で、遠江侵攻の動機として「三ヶ年の鬱憤を晴らす」と述べている（「武市通弘《たけちみちひろ》氏所蔵文書」）。信玄は、同盟違反を繰り返した上で同盟を破棄した家康を深く恨んでおり、家康への報復を心に誓っていたのだ。

一方で鴨川達夫《かもがわたつお》氏は、二〇〇七年に発表した『武田信玄と勝頼』において、「三方原の合戦の後、家康に止めを刺すことなく三河に転進した点からすれば、家康を倒してその領国を奪う意図があったとは考えにくい。家康に一定の打撃を与えれば、それで十分だったのである」と主張する。鴨川氏は、信玄が秋山虎繁《あきやまとらしげ》率いる別働隊に美濃岩村城（現在の岐阜県恵那《えな》市）を攻略させていること、朝倉義景宛の書状の中で打倒信長を繰り返し語っていることに注目し、「岐阜を本拠地とする信長と対決すること」が目的だったと論じている。「信玄が遠江・三河に攻め込んだのは家康に一撃を加えるためで、別働隊に担当させた岐阜方面こそ本線だ」というのである。

この鴨川説に対しては、柴裕之《しばひろゆき》氏が、秋山虎繁はこの時期、東美濃に進出しておらず、別働隊は存在しなかったと批判している。岩村城主の遠山《とおやま》氏は武田氏に自発的に従属したのである。ただし本多《ほんだ》隆成《たかしげ》氏が指摘するように、信玄は甲府出陣前より、飛騨への侵攻、東美濃への調略を進めており、やはり当初から信長との対決を予定していたと考えるべきであろう。

本多隆成氏は、対信長（美濃攻略）か対家康（遠江攻略）かという二者択一的に捉えるのではなく、両方を目的としていたと主張している。「すなわち、まず遠江・三河に侵攻し、家康の領国を蹂躙《じゅうりん》して後顧の憂いをなくし、ついで東美濃に向かい、岐阜の信長との対決をめざしたのではないか」というのである。

対信長（美濃攻略）にせよ、対家康（遠江攻略）にせよ、近年の研究は信玄が上洛を目指していたという旧説に否定的である。それは次項に紹介する研究の進展が影響している。

信長包囲網の実態

武田信玄上洛説の前提には、将軍足利義昭を盟主とする反信長包囲網が形成されていたという事実認識があった。義昭の呼びかけに応じて信玄は上洛の兵を挙げた、と考えられてきたのである。

その根拠として重視されてきた史料が、五月十七日（松永久秀《まつながひさひで》家臣）岡周防守《おかすおうのかみ》宛信玄書状（「荒尾《あらお》家文書」）と、五月十三日信玄宛足利義昭御内書《ごないしょ》（「大槻《おおつき》家文書」）である。前者は、将軍足利義昭が織田信長への敵対の意志を鮮明にしたので、その意向に従い信玄が上洛の意志を表明したものである。後者は、信玄が義昭に忠誠を誓う起請文を提出したことを受けて、義昭が信玄に対して「天下静謐《せいひつ》」のために協力するよう命じたものである。

従来、前者は元亀二年、後者は元亀三年に年次比定され、いずれも信玄の甲府出陣前の文書と考えられてきた。ところが、鴨川達夫氏や柴裕之氏の研究により、両文書は元亀四年の文書であることが明らかにされた。元亀四年五月となると、信玄は既にこの世の人ではないが、前節で触れたように武田家は信玄の死を秘匿していた。前者は信玄死後の代筆、後者は義昭が信玄の死をまだ把握していなかったと考えれば、整合的に解釈できる。

加えて、元亀四年に比定できる二月二十一日（武田信玄家臣）穴山信君《あなやまのぶただ》宛浅井《あざい》長政《ながまさ》書状（「土井家文書」）・二月二十六日越中《えっちゅう》勝興寺《しょうこうじ》宛浅井長政書状（「勝興寺文書」）の内容を吟味すると、将軍義昭が信長と正面切って敵対することを決意し、朝倉義景・浅井長政らに打倒信長の御内書を発給したのは、三方ヶ原合戦に信玄が圧勝したことを知った元亀四年二月であることが判明する。さらに柴氏が指摘するように、（元亀三年）十一月十九日朽木《くつき》弥《や》十郎《じゅうろう》宛徳川家康書状（「鹽川利員《しおかわとしかず》氏所蔵文書」）によれば、信玄の遠江侵攻開始時点では、足利義昭は信長・家康を支持し、信玄とは敵対する関係にあったのである。

したがって、打倒信長を画策する将軍足利義昭による上洛の呼びかけに応じて武田信玄が徳川領に侵攻したという従来の理解とは逆に、実際の事実経過は、信玄が徳川領に侵攻し、三方ヶ原の戦いで大勝したことに動揺した義昭が、信長を見捨てて反信長勢力に接近し、信玄に上洛を呼びかけた、というものだった。甲府出発時点で、信玄が上洛を意識していたという旧説は、主要な史料的根拠を失ったのであり、もはや成り立ち得ないだろう。

徳川家康はなぜ城を出たか

さて、戦術の定石からすれば、兵力で劣る徳川家康は籠城すべきであった。家康はなぜ浜松城に籠らず、打って出たのだろうか。『三河物語』によれば、決戦は無謀と諫める家臣たちに対し、家康が「我国をふみきりて通るに、多勢なりというて、などか出てとがめざらん哉《や》。兎角、合戦をせずしてはおくまじき。陣《いくさ》は多勢・無勢にはよるべからず。天道次第」と語って出陣したという。要するに、武田の大軍に臆して合戦を避けるようでは、武士の面目が立たないので、運を天に任せて出陣する、というのである。なお『松平記』でも、物見（偵察）の鳥居《とりい》忠広《ただひろ》が自重を促すのに家康は立腹し、「目の前の敵をおめおめと通しては口惜」と語っている。徳富蘇峰は江戸時代に作られた〝家康神話〟をそのまま受け入れて、家康は自身の武名を汚すまいと戦死覚悟で武田信玄に挑んだ「剛勇の標本」であると評価している。

これに対して高柳光壽は「家康が勇み立ったという話はどうも単純に過ぎる」と疑問を示す。高柳は、武田軍の通過を許せば味方の士気が低下する、と指摘し、「今、そのままに見逃せば、次の戦を有利に戦うことはできないであろう。それに遠州の地侍らのうちには、すでに敵に帰属したものが少なくない。味方に従属しているものどもにしても、大将が頼みにならないと思えば、これからでも敵に従属するであろう。この際、この敵に対して一撃を与えることは是非とも必要である。幸い信長からも援軍が到着している。その兵は多いというのではないが、この兵を合せて戦えば必ずしも不利とのみはいえない。それはまた同時に、信長の好意に報いる所以《ゆえん》でもある」と家康の心中を推し量る。小和田哲男氏も「意地で戦いを挑むというのではなく、一矢なりとも報いないと、徳川軍が瓦解してしまうのではないかというおそれが家康の脳裏にあったのではなかろうか」と述べている。

一方、歴史学者の染谷《そめや》光広《みつひろ》氏は、同盟者の織田信長に配慮して、時間稼ぎのために信玄に一戦を挑んだ、と推測している。

右に見える、味方の士気を高めるという説と、信長との同盟関係を重視したという説は、相互に排他的ではなく、両立し得る。不利を承知で出撃しなければならない複数の事情が家康にはあったのである。本多隆成氏は両説を検討した上で、「最大の理由は信長との同盟関係があったことである」と主張している。「家康はいわば目下の同盟者という立場であり、信長から加勢の衆を送られながら、一戦も交えずに武田軍をやり過ごすというようなことはできなかった」というのである。

むろん、家康ほどの武将が、負けても良いと開き直って、無為無策の出撃をしたはずがない。一定の勝算はあったはずである。小和田氏や本多氏が指摘するように、戦場は家康のホームグラウンドであり、周辺地理を熟知しているという点では家康側が有利だった。家康は出撃後も武田軍の監視を続け、勝機を探った。そして前節でも触れたように、武田軍が祝田に向かって北進するのを確認した家康は、武田軍が祝田の坂を下り始めた頃に追いつき、坂の上から武田軍の背後を襲おうと考えた。いわゆる「逆落とし」をかけようとしたのである。

ところが信玄は、家康が追跡してくることを予測していた。というより、信玄の軍事行動は、家康を浜松城からおびき出し、野戦で決着をつけるためのものであった。若い家康は老練な信玄が仕掛けた罠にまんまとはまり、待ち構えていた武田軍に散々に打ち破られた。これが近年の定説的見解である。

もし信玄が死ななかったら

もし武田信玄が病没しなかったら、その後の歴史はどう推移したか、信玄は天下を取れていただろうか。これは昔から好んで語られる仮定である。

徳富蘇峰は「いかに贔屓目《ひいきめ》に考えても、信玄は天下を取るべき資格の漢《おのこ》とは思われぬ。しかし自ら天下を取る伎倆《ぎりょう》と、他人の天下を取るを妨ぐる伎倆とは、別種に属する。彼をして十年生存せしめば、信長が天下を取ることも、或いは十年晩《おく》れたかもしれぬ」と説いている。織田信長の天下統一事業が多少遅れただけで、歴史の大勢に影響はない、という見解である。蘇峰は信長を異次元の革命児とみなしているので、信玄ごときの生死など大きな問題ではない、と思ったのだろう。

これに対し、小和田哲男氏は信玄が信長との一大決戦を予定していたと説く。そして「決戦の場所が、近江だったのか、あるいは美濃あたりになったのかはわからない。しかし、三方ヶ原の戦いに際し、同盟者家康の最大の危機ともいえる状況にもかかわらず、援軍を三〇〇〇しか送ることができなかったことにも明らかなように、信長自身も、最大の苦境のときを迎えていたことは事実である」と、信長の不利を予想している。

ただし、小和田氏は信玄が天下を取れるかどうかについては懐疑的である。「信玄が当初のプログラム通り西上作戦を続けていれば、信長との雌雄を決する戦いに勝利し、上洛することはできたかもしれない。もっとも、仮に上洛できたとしても、信玄が信長に代って天下に号令することができたかどうかはわからない」と述べている。

鴨川達夫氏は、信玄が「岐阜にいる信長を、自分自身を餌にして、遠江・三河方面に誘い出そうとしたのではないだろうか」と推測する。「のこのこ出てきた信長には、自分が率いる主力部隊をぶつけて、討ち取ってしまえばよい」というのである。信玄が死なず、信長が信玄の誘いに乗っていれば、信長は危なかった、と鴨川氏は説く。

このように近年の研究は、信玄が存命であったら、信玄は信長と直接対決し、信玄が勝つ公算は高い、と評価している。むろん、そのことは直ちに信長の滅亡、信玄の天下を意味するものではないが、徳川家康の脱落や松永久秀の離反、足利義昭の挙兵、反信長勢力の一斉蜂起などによって信長勢力が崩壊した可能性は否定できない。

3　三方ヶ原合戦に関する新説

軍議の場所は浜松城ではなかった

二〇二二年、武田氏研究者の平山優氏が『新説　家康と三方原合戦　生涯唯一の大敗を読み解く』（NHK出版新書）を刊行した。同書で平山氏は意欲的な新説を提起している。

前節で触れた通り、従来、徳川家康は浜松城での軍議において家臣たちの反対を押し切って出撃を決断したと考えられてきた。けれども平山氏は『三河物語』の記述を丁寧に読み直し、徳川軍は既に浜松城を出陣しており、武田軍を追尾しながら、その行軍の過程で軍議を行っていたことを明らかにした。浜松城で軍議が行われたかのように誤解されてきたのは、『武徳大成記』など『三河物語』より後代に成立した史料の記述に惑わされた結果である。

武田軍が浜松城に攻め寄せることなく、突如、三方ヶ原に進路を変更したため、家康は信玄の意図が三河侵攻にあると直感した。そこで徳川軍は、ただちに城を出て武田軍を追跡していたのである。

確かに言われてみれば、『三河物語』の記述は、出撃後に軍議を行っていると読めるし、その方が現実的である。武田軍が浜松城を素通りするという状況で、出撃もせずに籠城してやり過ごすという対応はあまりに消極的であり、家康の威信を低下させる。実際に戦端を開くかどうかはともかく、とりあえずは出撃して戦闘態勢をとるのが自然であろう。

三方ヶ原合戦のきっかけは何か

既述の通り、家康は、三方ヶ原台地を祝田の坂から下ろうとする武田軍を背後から急襲することに勝機を見出そうとしていた。だが『三河物語』によれば、武田軍が坂を下る前に徳川軍は攻撃を開始している。『三河物語』は徳川軍が攻め気に逸《はや》り、早く攻撃を開始してしまった、と記している。また『当代記』によれば、徳川方の物見が武田軍と小競り合いを始めてしまい、家康が救出のために出馬したところ、思いがけず合戦になってしまったという。後世の史家はこれらを踏襲してきた。

しかしながら、平山氏はこの点でも新説を唱えている。平山氏は『信長公記』の記述から、武田軍が祝田坂を下るどころか、三河に向かう行軍路から外れて、浜名湖畔の堀江《ほりえ》城（現在の浜松市西区《にし》）に向かって進路を変更した、と主張した。浜松城に攻め寄せずに三方ヶ原方面に向かうという武田軍の予想外の行動に接した家康は、信玄が三河、そして東美濃を経由して京都に向かうと判断した。ところが、またもやその予想を裏切り、武田軍は再び進路を変更して堀江城攻略に向かったのである。

尾張・三河方面から、浜松城に繋がる補給路は、北から鳳来寺《ほうらいじ》道（金指《かなさし》街道）、本坂《ほんさか》道（姫《ひめ》街道）、東海道、浜名《はまな》湖水運の四ルートがあった。このうち、鳳来寺道は元亀三年十月の時点で、信濃から北遠江に侵入した山県昌景・秋山虎繁勢によって制圧されていた。

そして堀江城と城主大沢基胤《おおさわもとたね》の支配領域（庄内《しょうない》半島）は、浜名湖水運を掌握する要所であった。もし堀江城が攻略され、庄内半島が武田方の手に落ちれば、浜名湖水運の主導権は、武田方に奪われてしまうことになる。

これは同時に、武田軍による東海道の封鎖にもつながる。武田方が浜名湖水運を掌握すれば、織田・徳川方が今切の渡しを利用して物資を浜松に運搬することは不可能になる。

さらに言えば、堀江城は三方ヶ原の陸上交通路を遮断する拠点としても機能し得る。武田氏が城を攻略できれば、本坂道（姫街道）、鳳来寺道（金指街道）は完全に封鎖され、補給路を失った浜松城は無力化する。信玄の狙いを以上のように推測する平山氏の見解は、説得力に富むものである。

本拠である浜松城を維持するためにも、家康は信玄の堀江城攻略を絶対に阻止しなければならなかった。家康が無謀にも思える攻撃を開始したのは、他に選択肢がなかったからなのである。

おびき出し作戦だったのか

前節で触れたように、一般に武田信玄の軍事行動は、徳川家康を浜松城からおびき出し、野戦で決着をつけるためのものであった、と考えられている。この点に関しても平山氏は疑問を投げかけている。

『甲陽軍鑑』品第三十九によれば、三方ヶ原を進軍していた信玄は家康との戦闘を回避しようとしていたという。家康は勇猛な若武者であり、織田信長の援軍が岡崎・山中《やまなか》（愛知県岡崎市舞木町《まいぎ》・羽栗町《はぐり》）・吉田（愛知県豊橋市《とよはし》今橋町《いまはし》）・白須賀《しらすか》（静岡県湖西市《こさい》白須賀）に布陣しているとの情報に信玄は接していた。このため、家康と合戦を遂げて勝利しても、疲弊した武田軍に大軍の織田勢が襲いかかってきたら敗北する公算が高い、と信玄は判断したのだ。そこで信玄は何度も物見を出し、織田の援軍の士気が低いことを確認した上で戦う決断を下したという。

右の『甲陽軍鑑』の記述はこれまで軽視されてきたが、信玄の意図が堀江城攻略による浜松城の無力化だったとすれば、信玄が決戦に慎重だったという同書の記述は信頼して良いだろう。堀江城攻略作戦は、むしろ徳川軍主力と戦わずに浜松城を無力化することを目的としたものだからである。信長との決戦を予定していた信玄にしてみれば、兵力はなるべく温存したい。家康と正面から戦うのではなく、家康を浜松城に封じ込めて屈服させることを最善と考えていたはずだ。

後世の私たちが三方ヶ原合戦を見ると、武田信玄の思惑通りに事は運んだように映る。

けれども、それは結果を知っているがゆえの誤解、錯覚かもしれないのだ。平山氏の問題提起を機に、三方ヶ原合戦をゼロから再検討することが求められよう。

第四章　長篠の戦い

1　通説が語る長篠の戦い

長篠合戦と信長神話

長篠の戦いは、桶狭間の戦いと並んで、織田信長の軍事的天才がいかんなく発揮された合戦と一般に評されている。

たとえばこれまでにも取り上げた徳富蘇峰は『近世日本国民史　織田氏時代中篇』（一九一九年）で次のように語っている。「大胆冒険なる桶狭間役の信長と、慎重堅固にして臆病なるほど用心深き長篠役の信長とが、同一人であることは、ほとんど不思議のようである。然《しか》も彼は一本調子の漢でない。彼の位置にも、相違がある、彼の年齢にも、相違がある。しかしそれのみではない、彼は守一《しゅいつ》の見《けん》を持せず、対手《あいて》次第にて、その手を代え、品を換えた」「桶狭間と、長篠とは、信長の性格の両極端を露呈したものである。前者は奇兵、後者は正兵、前者は寡《か》をもって衆を制し、後者は衆をもって寡を制した。前者は猛勇突撃をもって、制勝の主力とし、後者は銃器と木柵とをもって、制勝の主力とした」と。

右に見えるように、長篠での信長の勝因は鉄砲を活用した新戦術と考えられてきた。高校の日本史教育でも「長篠合戦は、戦国最強といわれた武田の騎馬軍団（信玄は一五七三年没、この時は武田勝頼）を、最新の鉄砲足軽集団を本格的に用いた織田・徳川連合軍が破った画期的な戦いであった」と説明されてきた（『高等学校日本史B改訂版　指導と研究』清水書院、二〇〇八年）。

だが一九七五年に在野の歴史研究者である鈴木眞哉《すずきまさや》・藤本正行両氏が通説に疑問を呈した。この長篠神話の見直しは一九九〇年代以降本格化し、鈴木・藤本氏らの説は歴史学界でも浸透してきたが、なお異論もある。本章では、通説を再確認しつつ、研究史を振り返り、長篠合戦研究の最前線を紹介する。

合戦の発端

まずは、長篠合戦の経緯を確認しておこう。永禄十一年（一五六八）、武田勝頼の父である信玄は徳川家康と共同作戦をとって、東西から今川氏真の領国（遠江と駿河）に侵攻した。しかし翌十二年に氏真が家康に降伏すると、旧今川領の配分をめぐって、信玄と家康の関係は急速に悪化した（本書81P）。だが信玄・家康双方と同盟を結んでいる織田信長の仲介もあり、両者は武力衝突には至らず冷戦状態が続いた。

ところが元亀三年（一五七二）、朝倉義景ら反信長勢力の誘いに応じた武田信玄は徳川領の三河・遠江に侵攻、三方ヶ原の戦いで徳川家康を破るなど快進撃を続けた。翌元亀四年（天正元年、一五七三）、信玄は野田城（現在の愛知県新城市）を陥落させたが、ここで体調を崩し、武田軍は甲斐への撤退を開始する。だが信玄は帰国の途上で病死する（本書88P）。

信玄の跡を継いだ武田勝頼は、不安定な政権基盤を軍事的な実績で強化するため、積極的に攻勢に出た。天正二年（一五七四）、美濃の明知《あけち》城（岐阜県恵那市）、ついで遠江の高天神《たかてんじん》城（静岡県掛川市）を奪取したのである（『信長公記』）。

明けて天正三年二月、徳川家康は奥平信昌《おくだいらのぶまさ》を長篠城（愛知県新城市）の城主に任命した（『当代記』）。三月下旬、勝頼は軍勢を派遣して足助《あすけ》城（愛知県豊田《とよた》市足助町）を攻略し、四月には勝頼自身も甲府を出陣して三河に侵攻した。武田の攻勢に対応すべく、家康は三河の吉田城（愛知県豊橋市）に入った。

武田勝頼は、家康が立て籠る吉田城を攻略しようとするが果たせず、長篠城攻略へと方針を変更した。長篠城は交通の要衝《ようしょう》であり、勝頼にとって三河侵攻の橋頭堡として重要な城である。しかもその城主の奥平信昌は、信玄が死ぬや否や、徳川方に寝返った男であり、勝頼の威信に懸けても討つ必要があった。かくして長篠合戦の幕が開く。

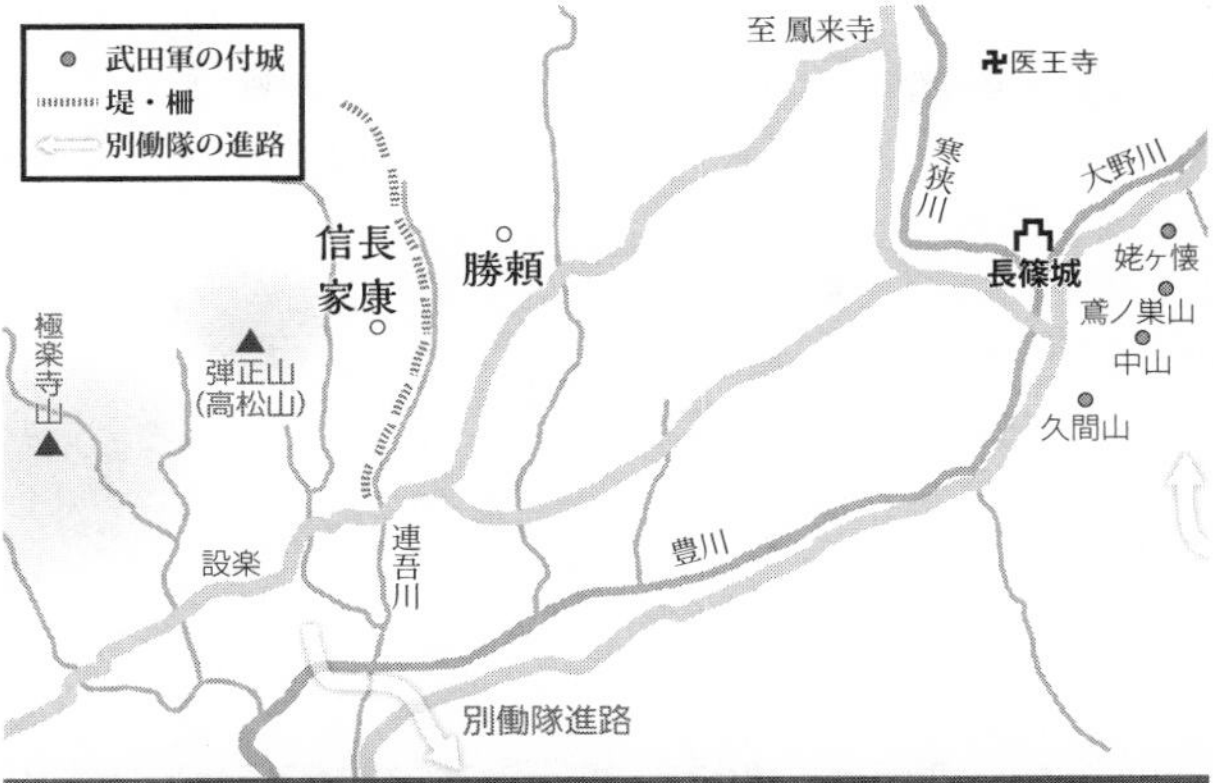

長篠戦場地図

信長・家康の出陣

長篠城は寒狭《かんさ》川（現・豊《とよ》川）と大野《おおの》川（現・宇連《うれ》川）という二つの川の合流点の台地上に築かれた城で、川と断崖で囲まれた天然の要害である。勝頼は長篠城の北七百メートルにある医王寺《いおうじ》を本陣に定め、大野川の対岸の高地には鳶ノ巣山《とびのすやま》砦などの付城《つけじろ》群を築いて長篠城を包囲した。東から城を見下ろす鳶ノ巣山砦群は、城兵に対する強い精神的圧力になっただろう。武田軍は一万五千の大軍であり、工兵も駆使して猛攻をかけたが、奥平ら五〇〇の守兵は援軍の到着を信じて懸命に耐えた。

織田信長は河内《かわち》で本願寺《ほんがんじ》・三好《みよし》氏と戦っていたが、徳川家康の援軍要請を受けて合戦を切り上げ、岐阜に帰還した。信長は五月十三日に三万余の大軍を率いて岐阜を発《た》ち、十四日に岡崎に入った。信長は京都にいる家臣の細川藤孝《ほそかわふじたか》に対して、「勝頼を討つ好機である」と書状で語っている（天正三年五月十五日細川藤孝宛織田信長黒印状、「細川家文書」）。

五月十八日、織田信長は長篠城西方約六キロの設楽《したら》（志多羅）郷、極楽寺山《ごくらくじ》に本陣を敷いた。徳川家康はより東方（武田軍により近い所）の高松山《たかまつ》に布陣した。滝川一益《たきがわかずます》・羽柴《はしば》秀吉《ひでよし》・丹羽《にわ》長秀《ながひで》といった織田家の武将も家康と同様に、前線に布陣した。陣と連吾川《れんご》（連子川）との間には馬防ぎのため柵を設けた（『信長公記』）。いわゆる「馬防柵《ばぼうさく》」である。

五月二十日、長篠城を包囲していた武田勝頼は、信長・家康との直接対決を企図して、長篠城を押さえる兵を残して本陣を医王寺から連吾川の東側の丘陵に移動した。これにより両軍は、連吾川を挟んで約五〇〇メートルの距離で対峙した。

武田勝頼は五月二十一日早朝から織田・徳川連合軍の陣をめがけて攻撃を開始した（『信長公記』）。そしてよく知られているように、武田軍は歴史的大敗を喫する。

織田信長の勝因は？

戦国最強と謳《うた》われた武田軍が完敗したのは、何故か。通説では、織田・徳川連合軍の勝因は、織田軍による「鉄砲三千挺の三段撃ち」であるという。弾込めに時間を要する火縄銃の欠点を補うため、千挺ずつ三列に分けて交替で装填・点火・発射を行うことで、間断のない連続射撃を可能にしたというのである。

この通説の元になったのは、日本陸軍の参謀本部が編纂した『日本戦史　長篠役』である。同書によれば、織田信長は全軍の銃兵一万から三千人を選抜し、佐々《さつさ》成政《なりまさ》・前田《まえだ》利家《としいえ》ら五人の武将に預けて指揮させたという。そして信長は「勝頼は勇猛だが単純な男だ。武田軍は騎馬戦を好む。だから柵によって武田軍の進路を遮り、これを銃で殲滅《せんめつ》する。しかし武田軍が突進してきた時、あわてて発射してはならない。ぎりぎりまで近づけて、千挺ずつ代わる代わる発射せよ」と指示した、と解説する。

徳富蘇峰の『近世日本国民史』は『日本戦史』の記述を完全に踏襲《とうしゅう》している。すなわち、「全軍の銃手一万人の中より、三千人を選抜し、佐々成政、前田利家、塙直政《ばんなおまさ》、福富貞次《ふくとみさだつぐ》、野々《のの》村幸久《むらゆきひさ》らをして、その司令たらしめた。彼はあらかじめ甲軍の長所は、騎馬突撃にあるを知り、これを用うるに所なからしむるの術を講じた。彼いましめて曰《いわ》く、敵騎前進するも、にわかに発射するなかれ、その柵前に来たり逼《せま》るに際し、千挺ずつ代わる代わる放てと」とある。蘇峰は「馬防柵」と三段撃ちを絶賛し、「信玄流の軍法は、信長の斬新なる戦術に比すれば、時代遅れとなった憾《うら》みがある」と評している。

歴史学界の評価も同様である。東京帝国大学史料編纂掛の渡辺世祐《わたなべよすけ》は、「長篠の戦」(『大日本戦史』第三巻、三教書院、一九四二年)で、『日本戦史 長篠役』を踏まえて、信長の「鉄炮利用の新戦術」として「三千挺の鉄炮が三隊に分かれ、千挺ずつで代わる代わる一斉に狙撃を始めました」と、三段撃ちに言及している。

戦後もこの見解は長く引き継がれた。最も権威のある日本史百科である『国史大辞典』でも、長篠合戦について「鉄砲の組織的活用の画期がこの戦いであった。信長は鉄砲隊を三段に重ねて、第一列の兵は射撃のあと後ろにさがり、第二列、第三列が撃つ間に弾を込めるというように、連続的に火縄銃を使用する戦法をあみだした。この戦法の大成功により、武田氏に代表される騎馬中心の戦法から鉄砲主体の戦法へと戦の主流が移った」(山本博文氏執筆、一九八九年)と記されている。前掲の『高等学校日本史B改訂版 指導と研究』も「さしもの武田騎馬軍団も、鉄砲の一斉射撃の前にはほとんど壊滅状態となった。…(中略)…無事に甲斐に戻れたものは、僅かに三千人ともいわれている」と記述している。

2 藤本正行・鈴木眞哉説の衝撃

『信長公記』への着目

前節で見たような通説に初めて疑問を投げかけたのは、藤本正行氏であった。長篠合戦見直しに関する藤本氏の最初の論考は一九七五年の「長篠合戦における織田の銃隊の人数について」である。藤本氏は太田牛一の『信長公記』の諸本を比較し、「鉄砲三千挺」という通説を批判した。以下に要旨を示す。

長篠合戦についての記述のある牛一自筆の『信長公記』は、建勲《たけいさお》神社所蔵本と、岡山藩池田家に牛一が献上した岡山大学附属図書館所蔵池田家文庫本の二種類がある。建勲神社所蔵本が家康を呼び捨てにしているのに対し、池田家文庫本では「家康公」と敬称で呼んでいる。前者の形態が本来のもので、後者は家康に敬意を払う必要が生じた時期以後のものと認められる。

そして建勲神社所蔵本では、「鉄砲千挺ばかり」を佐々ら五人の指揮官に預けたと書かれている。一方、池田家文庫本では「千挺ばかり」の千の字の右肩に三の字が小さく加筆されて「三千挺ばかり」になっている。藤本氏はこの違いを指摘した上で、池田家文庫本の訂正は後世の人間による加筆の可能性があると指摘し、佐々らに預けられた鉄砲数は三千ではなく千であったと主張した。

この藤本説に対しては、平山優氏が尊敬閣《そんけいかく》文庫所蔵の『信長公記』には「鉄砲三千余挺」と記述されていることを指摘し、千挺と言い切ることは困難であると批判を加えている。これに対して藤本氏は、佐々らへ預けた鉄砲は千挺で、合戦開始後に鉄砲隊を追加投入して総数三千挺になったと反論している。

織田軍の鉄砲が千挺だったか三千挺だったかという論争は、個人的にはそれほど重要だとは思わない。けれども、藤本氏の問題提起と、それを契機とした論争を通じて、『信長公記』への注目度が高まったことは見逃せない。藤本説以後、『信長公記』の諸本ごとの異同まで踏まえた精緻な議論が展開されていくことになる。

一斉射撃は可能か

藤本氏は最初、「三千挺・三段撃ち」という長篠神話のうち、前者に対して見直しを行ったが、後者に対する検討も始めた。こちらの方が研究史的には重大であろう。その端緒は、一九八〇年の論考「長篠の鉄砲戦術は虚構だ」である。その後、『信長の戦国軍事学 戦術家・織田信長の実像』(JICC出版局、一九九三年、のちに『信長の戦争 『信長公記』に見る戦国軍事学』と改題して講談社学術文庫から刊行）で、「三段撃ち」は虚構であると徹底的に批判した。

藤本説の第一の特徴は、戦史・軍事史の該博な知識を活用して、通説が軍事的合理性を欠いている点を指摘したところにある。藤本氏は、「戦場が平坦でないことなどを考えれば、彼らが織田軍の銃隊全員の射程距離内に同時に入ることなどとうてい考えられないではないか。現実には、武田軍は合戦の常道に従い、特定の場所に攻撃を集中するであろう。そうした場合、攻撃の集中した場所からは射程外になる銃手や、地形的にその場所を見通すことができない銃手が出てくるはずである。だが、彼らも一斉射撃の列に加わった以上、敵に届かないとか敵が見えないからといって、勝手に射撃を止めるわけにはいかない。無駄弾《だま》になることを承知のうえで、発射の号令にあわせて引き金を引き、つぎの列と交替しなければ、全体が混乱状態におちいるからである。…（中略）…だいいち、いったい誰が、どの位置から、どんな方法を使えば、三千もの銃手に一斉射撃の号令を送り続けることができるであろうか」と、従来言われてきた「新戦術」の不合理・不経済・非現実性を指摘している。この点については、藤本氏と同時期に長篠合戦の再検討を始めた鈴木眞哉氏も、目の間に敵がいる、いないにかかわらず、千挺ずつ絶え間なしに発砲を続けて、貴重な火薬や弾丸を浪費する必要など全くない、と同意見を述べている。

さらに藤本氏は、京都長岡《ながおか》の細川藤孝や奈良の筒井順慶《つついじゅんけい》ら後方の織田方部将が鉄砲隊を派遣していること（「細川家文書」・『多聞院《たもんいん》日記』）に注目している。しかも『細川家記』によれば、藤孝が派遣した鉄砲足軽は、塙直政の鉄砲隊に組み入れられたという。ここから浮かび上がることは、織田信長が佐々・前田・塙らに預けた鉄砲隊は、長篠合戦に参加しない家臣たちから銃兵を引き抜いて臨時に編成した寄せ集めの部隊であるという事実だ。

西洋でも発射に時間がかかり命中精度が低い先込め銃の時代には隊列を組んだ多段撃ちが行われていることは事実だが、多人数が円滑に行うには一定の訓練を要したことは、鈴木氏が具体的な事例を挙げげつつ指摘している。集団訓練を受けたことのない部隊に千挺ずつの一斉射撃を行わせることは不可能だ、と藤本氏・鈴木氏は主張している。

三段撃ちの典拠は？

藤本説の第二の特徴は、桶狭間合戦研究がそうであったように、『信長公記』を重視している点である。藤本氏は、信長の一代記としても最も信頼できる『信長公記』に、三段撃ちの記述が全く見えないことに注意を喚起する。では、「新戦術」の初出は何かと言えば、またしても『甫庵信長記』であるという。

第二章でも紹介したように、『甫庵信長記』は、江戸時代の儒医・小瀬甫庵が『信長公記』を元に、創作を交えて著した信長の一代記である。同書によれば、織田信長は「諸手のぬき鉄砲」（部将たちの各部隊から引き抜いて集めた鉄砲隊）三千挺を佐々らに預け、「敵馬を入れ来たらば、際《あいだ》一町までも鉄砲打たすな。間近く引き請け、千挺ずつ放ち懸け、一段ずつ立ち替わり立ち替わり打たすべし」と指示を出したという。三千挺の鉄砲を千挺ずつに分け、「一段ずつ」撃てと指示しているから、まさに三段撃ちと言えよう。

その後、貞享《じょうきょう》二年（一六八五）頃に遠山信春《とおやまのぶはる》が『甫庵信長記』を増補改訂して『織田軍記（総見記）』を著しているが、長篠合戦における信長の指示を「一度に放たず、千挺ずつ三かわりにして敵をねらい、間近に引きつけ放すべし」と記しており、『甫庵信長記』の記述を踏襲している。同書以後は、長篠合戦に紙幅を割く軍記類のほとんどが三段撃ちを盛り込んでいる。参謀本部の『日本戦史　長篠役』は、江戸時代の軍記類の内容を無批判に継承したにすぎないのである。

まして「鉄砲隊を三段に重ねて、第一列の兵は射撃のあと後ろにさがり、第二列、第三列が撃つ間に弾を込める」（前掲『国史大辞典』）といった三段撃ちの具体的なやり方は、

『甫庵信長記』や『織田軍記』、さらには『日本戦史　長篠役』にすら記述されておらず、『日本戦史』以後に増幅された内容であることを藤本氏は明らかにした。鈴木眞哉氏が推測するように、ヨーロッパの銃隊戦術（輪番射撃）の知識を持つ者が類推で付け加えたのが初出であろう。

けれども、長篠の現地を歩いてみれば分かるように、主戦場だったと推定される水田地帯はすこぶる狭い。歩数にして一〇〇歩にも満たないようなところに何重にも馬防柵を設けたとしたら、銃隊を三列に並べる空間など残らないと鈴木氏は述べている。発射したら後ろに引き下がり、次の列が前に出て撃つという、もっともらしい「新戦術」は、現地の地形を無視した「机上の空論」なのである。

武田騎馬隊は存在したか

藤本正行氏の盟友とも言える鈴木眞哉氏は、織田・徳川連合軍の敵軍である武田軍に対して再検討を加えた。鈴木氏によれば、戦国大名の軍隊には騎馬武者だけで構成された騎馬隊は存在しない。騎馬武者は指揮官として歩兵を率いて戦うのであり、「戦国最強の武田騎馬隊」はあり得ないのだという。

通説では、織田鉄砲隊の三段撃ち、すなわち一斉射撃は、武田騎馬隊の一斉突撃を阻止するためのものと言われてきた。だが、そもそも武田騎馬隊の一斉突撃はなかったというのが鈴木氏の主張である。当時の日本馬は小柄で蹄鉄《ていてつ》もないため突進力に欠けた。しかも去勢されていないので気性が荒く、制御が困難だった。このため騎馬突撃には向かず、口取《くちとり》など徒歩《かち》の人々がつきそうことが不可欠であった。

加えて、ルイス・フロイスによれば、ヨーロッパでは戦闘時に騎乗して戦闘を行うが日本人は下馬して戦ったという。『甲陽軍鑑』でも、長篠合戦において武田軍の大半は下馬して攻撃した、と記されている。騎乗しての戦闘はほとんど行われず、追撃戦など限られた場面でしか騎乗での戦闘は行わなかったと考えられる。よって武田軍は戦闘員の大部分を騎兵とする騎馬軍団ではなく、かつ騎馬武者のみで編成された騎馬隊も持っていなかった、ゆえに騎馬隊の一斉突撃は虚構である、と鈴木氏は説く。

信長の勝因・勝頼の敗因は?

三段撃ちによる一斉射撃が織田信長の勝因でないとしたら、真の勝因は何か。鈴木眞哉氏は、長篠合戦は「一種の攻城戦」だったと論じる。鈴木氏によれば、織田・徳川軍は単に馬防柵と多数の鉄砲を用いただけでなく、土塁や空堀を構築して武田軍に備えていたという。「三段撃ち」ではなく、この強固な「陣城《じんしろ》」(「真田宝物館所蔵文書」)、すなわち野戦築城が武田軍を撃退し得た大きな要素である、と氏は主張する。ただし、鈴木氏が織田軍の「陣城」の遺構と推定した長篠古戦場跡の土塁・空堀らしき地形は、現在は明治時代の開墾の跡であるという説が有力だ。

藤本・鈴木両氏が両者の勝敗を分けた要素として最重視するのは、兵力である。藤本氏は「武田軍の敗因の第一は兵力の不足である」と結論づけているし、鈴木氏も「根本論をいえば、相手方の三分の一程度の人数しかなかったと思われるのにあえて城攻めに等しいようなことを仕掛けたのが武田方の最大の敗因であった。孫子《そんし》の兵法の昔から、守備側の何倍もの兵力を持たない限り、攻城などすべきではないというのが東西を通じての鉄則である」と語る。

藤本氏は織田信長の用兵にも注目している。信長が兵力を少なく擬装し、武田勝頼を油断させたことが勝利につながったというのだ。長篠城を救援するために出陣したはずの信長が城の手前で進撃を停止したため、信長軍の兵力が少なく臆していると勝頼は誤解してしまった(「神田孝平氏旧蔵文書」)。

信長が本陣を東方の敵から見えにくい設楽郷近辺の窪地に置き、滝川一益・羽柴秀吉・丹羽長秀の軍勢のみを前線に進出させたことも、勝頼の誤断を誘った。ちなみに信長は決戦段階で前線の高松山に移動しているので、信長が本陣を後方に置いたのは安全のためではなく、兵力を少なく見せるための戦術であったことは明らかである。

前述の通り、信長の作戦は、長篠城救出のみを目的とするものではなく、勝頼出陣を奇貨として、勝頼と決戦し、これを撃滅することを視野に入れていた。信長は兵力を少なく見せかけて、勝頼を誘い出すことに成功した。

とはいえ、連吾川東岸の丘陵を占拠した勝頼も、ただちに渡河して敵陣に攻めかかったわけではない。勝頼とて、鉄砲と柵で守られた織田軍の堅固な陣地に突撃する危険性は理解していたはずである。にもかかわらず武田軍が突進したのは、信長の巧妙な戦術によって、そうせざるを得ないよう追い込まれたからである。

藤本氏が重視するように、織田・徳川連合軍は別働隊（酒井《さかい》忠次《ただつぐ》隊）を組織して、ひそかに武田軍の鳶ノ巣山砦などを攻略して長篠城を解放したため（『信長公記』『大須賀記』）、武田軍は挟撃される形になってしまった。既に武田軍本隊は織田・徳川連合軍と交戦状態に入っており（『信長公記』）、撤退を嫌った勝頼は信長の鉄壁の陣地に突撃を命じるほかなく、当然のごとく敗れた。ゆえに、武田騎馬隊が織田鉄砲隊に敗れたわけではない、という結論になる。

3　藤本・鈴木説への批判と藤本氏の反論

三段撃ちの異説

藤本・鈴木氏の新説は大きな反響をもたらし、学界でも通説化しつつあった。けれども武田氏研究者の平山優氏が両氏の新説を批判した。通説とは違う形ではあるが、「三段撃ち」は実在したというのだ。

従来の「三段撃ち」は、三列に配置された鉄砲衆が交替で射撃するという方法を想定していた。しかし『信長公記』や『甫庵信長記』における「段」の使用例を確認すると、部隊を指す用語と考えられる。したがって『甫庵信長記』の「千挺ずつ放ち懸け、一段ずつ立ち替わり立ち替わり打たすべし」とは三列に並べるという意味ではなく、鉄砲隊だけで編制された三個の部隊を、三箇所に配置して銃撃したことを意味する、というのだ。『日本戦史　長篠役』が史料解釈を誤り、その誤読が踏襲されてしまったと平山氏は主張する。

これに対し藤本氏は、『甫庵信長記』には「かの五人下知して、三千挺を入れ替え打たせければ」とも書かれており、鉄砲隊が一箇所で交替射撃したと解釈する方が自然である（ただし交替射撃は史実ではない）、と反論している。確かに前節で紹介したように、『甫庵信長記』に依拠した『織田軍記』は「千挺ずつ三かわりにして敵をねらい」と記しており（本書117P）、明らかに交替射撃として叙述している。以後の軍記類も交替射撃を描写しており、『甫庵信長記』の三段撃ちを交替射撃と理解したと考えられる。『日本戦記』が『甫庵信長記』を誤読したとは言えないだろう。

『甫庵信長記』の再評価

三段撃ちの記述は『信長公記』にはなく『甫庵信長記』が初出であるから、三段撃ちの実在を論じるには、『甫庵信長記』が信用できる史料であることが大前提である。平山氏は、『甫庵信長記』の史料的価値を再評価している。同書の慶長十六・十七年刊行の初版と寛永元年版を比較すると、長篠合戦に関する記述が増補改訂されていることを指摘し、「甫庵は特に徳川方の武士や武田遺臣らから、新たな情報提供や問題の指摘などを受け、記述の改訂、増補を行った可能性を想起させる」と述べている。物語性が強いと批判されることが多い『甫庵信長記』だが、甫庵にも正確さを期す側面があったのである。

そして、甫庵は牛一とほぼ同時代人であり、『信長公記』にも信長顕彰のための曲筆があるのだから、『甫庵信長記』だけをいたずらに貶《おとし》める研究態度には疑問を持つ、と平山氏は新説を批判している。

これに対し藤本氏は、平山氏は『甫庵信長記』が信頼できる史料であることを証明できていない、と反論している。記述が具体的な『信長公記』と異なり、『甫庵信長記』は鉄砲隊がどこに配置されたのかも明記していない。このことは、甫庵が実際の戦場の地形や各武将の布陣位置を正確に把握していなかったことをうかがわせる、というのである。

この点について、長屋隆幸《ながやたかゆき》氏は、『信長公記』になく『甫庵信長記』にある記述で正しいことが確認できる箇所もある、と指摘している。先述のように、『甫庵信長記』には織田信長は「諸手のぬき鉄砲」三千挺を佐々らに預けたとある。これも既述の通り、信長が細川藤孝や筒井順慶ら後方の織田方部将から銃兵を引き抜いて鉄砲隊を臨時編成したことは一次史料で確認できるので、鉄砲隊の編成に関する『甫庵信長記』の記述は正確である。

ただ、『甫庵信長記』に正確な記述が一部見られるにしても、三段撃ちの記述も信じて良いかどうかは別問題である。藤本・鈴木両氏が批判するように、銃隊三列による交替での一斉射撃は軍事的に非合理であり、荒唐無稽と言わざるを得ない。だからこそ平山氏も「三段撃ち」の読み替えを行ったのである。『甫庵信長記』の再評価を通じて三段撃ちの実在を主張するのには慎重でありたい。

武田騎馬隊の再評価

武田騎馬隊は実在しないという鈴木氏の主張に対しても、平山氏は批判している。近年発見された「武田信玄旗本陣立図」（山梨県立博物館所蔵）によって、信玄の旗本が弓衆・鉄砲衆・長柄《ながえ》衆・騎馬衆などの部隊に編成されていたことが判明した。よって武田騎馬部隊は実在したと見るべきである、と平山氏は主張している。また『信長公記』には、信長が「馬防ぎ」のために柵を築いたと明記されており、武田の騎馬衆を警戒していたことは確実である、と説く。

加えて平山氏は、下馬戦闘に関するルイス・フロイスの記述を重視する鈴木氏の見解にも疑問を示す。フロイスの見聞は西日本に限定され、馬が多数飼育されていた東日本の状況を彼が把握していたか疑わしい、というのである。平山氏は『甲陽軍鑑』を根拠に、武田の騎馬武者は常に下馬して戦っていたわけではなく、敵軍の連携が乱れてきた時には乗馬して敵陣に突撃した、と論じている。日本の在来馬は貧弱で気性が荒く集団突撃に不向きという鈴木氏の主張にも具体的に批判を加え、戦場での用途と役割を充分に果たせる、と説く。

これに対し、鈴木氏の盟友である藤本正行氏が以下のように反論している。「騎馬衆」と書いてあっても、現実には徒歩の人々が付き従ったと考えられる。徒歩の従者がいなければ騎馬武者は満足に活動できないことは当時の常識なのでわざわざ書かないだけである。当時の騎馬武者は、近代的騎兵の養成に不可欠な集団訓練を受けていなかった。しかも彼らは、しばしば武功のために抜け駆けを試みるので、近代的騎兵のような集団突撃は不可能である。なお、この点に関しては、城郭研究者の西股総生《にしまたふさお》氏も、騎馬武者が下馬して戦うことがある以上、乗り捨てた馬を管理する小者・中間《ちゅうげん》は不可欠である、と指摘している。

武田氏の戦術の再評価

一方で平山氏は、騎馬突撃を時代遅れとみなす通説をも批判している。平山氏は言う。「鉄砲を多数装備していた織田・徳川軍に攻撃を仕掛けた勝頼の策は、愚策ではなかった」と。

当時の合戦において柵や鉄砲で守られている敵陣に騎馬突撃をかける事例はしばしば見られ、勝頼のとった戦法は当たり前の正攻法であった、と平山氏は勝頼を擁護する。武田軍が敗れ去ったのは、織田・徳川軍の鉄砲装備が今までの敵よりも圧倒的に上回っていたからだ、というのである。

これに対し藤本氏は、平山氏が紹介した天王寺《てんのうじ》の戦い・小雑賀川《こさいかがわ》の戦いといった事例は、兵力・火力が劣り柵などの防備が不十分な敵に対する騎馬突撃であり、長篠合戦と比較はできない、と批判する。武田軍が突撃したのは当時の合戦における正攻法だからではなく、織田・徳川軍の別働隊に背後に回られてしまったため、他の選択肢が乏しかったからである、と藤本氏は主張している。

両者の合意点

傍《はた》から見ていると、藤本・鈴木両氏と、平山氏との間の論争は、いささか嚙み合っていないように感じられる。論争の激しさと裏腹に、両説の内容はさほど隔たりはない。共通点・合意点も多いのである。

第一の共通点として、長篠合戦において織田信長が千挺ずつの交替射撃という新戦術を考案した、という「戦術革命」神話を否定している点である。第二に、騎馬武者による密集突撃だけを想定していた通説を疑問視している点も共通している。平山氏は、『甲陽軍鑑』に、鉄砲衆三人を連れて敵陣に近づき、備えの甘いところに向けて射撃させて敵がひるんだところを騎乗のまま乗り込むといった武田軍の戦法が記載されていることを引いている。騎兵と歩兵が共同で戦うことがしばしばあったことは、平山氏も認めているのである。加えて平山氏は、合戦が日の出から未《ひつじ》の刻（午後二時頃）まで行われたことを指摘し、単純な騎馬突撃を繰り返して織田鉄砲隊の餌食になったという通説を批判している。

したがって、武田軍の騎馬隊一斉突撃はなかったと考えられる。だとすれば、鉄砲隊一斉射撃をやる意義は乏しく、やはり効果の薄い三段撃ちは非現実的である。なお平山氏は、武田軍武将の戦死者のほとんどが退却時に発生したことに言及しており、織田鉄砲隊の過大視を戒める藤本説とこの点でも親和的である。

右のような考察から、織田・徳川軍と武田軍には明確な質的差異はなく、ほぼ同質の戦国大名の軍隊である、という結論が導き出される。実際、平山氏も強調するように、武田軍も信玄時代から鉄砲衆を活用しており（本書26P）、長篠合戦でも織田・徳川軍に打撃を与えている。鈴木氏も二〇〇一年に藤本氏・藤井《ふじい》尚夫《ひさお》氏との座談会で「当時の軍隊の編成なんてのは、武田も織田、徳川も、みんな似たり寄ったりだと思います。だから、武田の騎馬隊、騎馬軍団と言うけど、もし、騎馬武者がある程度いれば騎馬軍団と言うのなら、徳川も織田もみんな同じです」と指摘していた。

結局、長篠合戦で織田信長が勝利した最大の要因は、兵力・火力において織田・徳川軍が武田軍を圧倒していたことに求められる。〈織田信長＝新戦術の考案者＝革新〉と〈武田勝頼＝旧戦術の遵守者＝保守〉の対決という図式は成り立たない。藤本氏の言葉を借りれば、長篠合戦を「一種の異種格闘技」とみなすのは誤りなのである。

しかしながら、三段撃ちの考案者でないにせよ、織田信長が優れた軍人であることは疑いない。本願寺・三好との戦いを途中で切り上げてでも大軍を率いて長篠方面に急行した戦略眼、砦の攻略と信長の撃滅との間に明確な優先順位を定めなかった桶狭間合戦における今川義元と対照的に、長篠城の救出よりも武田軍主力の撃破を優先した的確な作戦、兵力を少なく見せて勝頼をおびき出したり、別働隊に武田方の砦を攻略させて勝頼の後方を脅かしたりといった巧妙な戦術、どの次元においても信長の軍事センスは際立っていた。

三段撃ちのような分かりやすい物語に寄りかかるのではなく、史料に基づいて織田信長の偉大さを明らかにしていく作業が今後求められよう。

第五章　関ヶ原の戦い

1　通説が語る関ヶ原の戦い

関ヶ原合戦と家康神話

関ヶ原の戦いは、日本史上最も有名な戦いの一つであろう。徳川家康による覇権を確立させた天下分け目の戦いだからである。この戦いの勝者である家康の采配に対しては、江戸時代は言うに及ばず、近代においても惜しみない賛辞が寄せられてきた。

たとえばこれまで何度も取り上げた徳富蘇峰は『近世日本国民史　家康時代中巻』（一九二三年）で次のように語っている。「関原役に至りては、家康の辣腕《らつわん》のもっとも辣なるものであった。その始中終《しちゅうじゅう》は、既刊の関原役の一冊〔上巻〕において叙述している。平心にこれを一読したる諸君は、いかに家康が腹黒き大策士であり、しかしてまた用心深き政治家であり、しかしてさらに堅実無比の大将であるかを知るにおいて、余りあるであろう」と。

右に見えるように、関ヶ原合戦においては徳川家康の権謀術数がいかんなく発揮され、家康の計算通りに戦局が推移したかのように語られてきた。そうしたイメージを決定づけたのは、司馬遼太郎《しばりょうたろう》の名作歴史小説『関ヶ原』であろう。

だが近年、白峰旬《しらみねじゅん》氏らが新説を提唱、「家康神話」を否定し、関ヶ原合戦像を大きく塗り替えた。そのインパクトは絶大であり、最近では、新説を批判し通説を再評価する見解も提出され、論争が続いている。本章では、通説を再確認しつつ、研究史を振り返り、関ヶ原合戦研究の最前線を紹介する。

合戦の発端

まずは、通説が語る関ヶ原合戦の経緯を確認しておこう。慶長《けいちょう》三年（一五九八）八月十八日に豊臣秀吉が没した。後継者の豊臣秀頼《ひでより》はまだ幼少だったので、秀吉の遺命により、五大老・五奉行による集団指導体制によって豊臣政権は運営されることになった。

けれども、五大老筆頭の徳川家康は秀吉の死を好機と見て、諸大名を取り込み、豊臣政権の簒奪《さんだつ》を企む。このため、家康の野心を警戒した大老の毛利輝元《てるもと》や奉行の石田三成らも派閥を形成して、家康に対抗した。

ところが翌四年閏三月三日、大坂城で秀頼を守っていた大老の前田利家が病没すると、家康派と反家康派の力の均衡が崩れる。家康の実力が他を圧し、その専制を抑止することが困難になったのである。

利家が没した日の夜、いわゆる七将襲撃事件が起き、石田三成が失脚する。続いて同年九月、家康暗殺計画が取り沙汰され、家康は五大老の一人である前田利長《としなが》（利家の嫡男）らに嫌疑をかけた。翌五年五月、利長は母の芳春院《ほうしゅんいん》を人質として江戸に送り、家康に屈服した。

続いて家康は、五大老の一人である上杉景勝《うえすぎかげかつ》に謀反の嫌疑をかけ、五月末、家康は会津《あいづ》征伐を決定した。六月十五日、家康は豊臣秀頼から軍資金を獲得し、会津征伐を豊臣政権の公戦と位置づけることに成功した。同月十八日、家康は伏見《ふしみ》を発し関東に下った。七月七日、家康は諸将を江戸城で饗応《きょうおう》し、同月二十一日を出陣の期日とした。

ところが、家康が上方《かみがた》からいなくなった隙をついて、石田三成・毛利輝元らが挙兵し、大坂城を占拠、豊臣秀頼を確保した。家康は上方での異変を把握していたが、予定通り江戸城を発ち、二十四日、下野小山《しもつけおやま》（栃木県小山市）に到着した。

翌二十五日、家康は小山に集めた諸将と善後策を協議し、会津征伐中止と反転西上を決定した。いわゆる「小山評定《ひょうじょう》」である。なお近年、白峰旬氏が小山評定虚構説を唱え、本多隆成・笠谷和比古《かさやかずひこ》・藤井譲治《ふじいじょうじ》の各氏が反論し、改めて実在説を唱えたが、本章では論争の評価には立ち入らない。

翌七月二十六日から東軍諸将が西上した後も家康は小山に逗留し、八月五日に江戸に帰還している。そして家康は、江戸に一ヶ月近く留まる。西軍は豊臣秀頼を擁しており、豊臣恩顧の大名である福島正則《ふくしままさのり》らが東軍から離反しない保証はなかったからである。西軍の重要拠点である岐阜城（現在の岐阜市）を正則らが攻略したとの報を受けた家康は九月一日、ようやく重い腰を上げ、東海道を西に進んだ。

家康は九月十四日には美濃国の赤坂《あかさか》（現在の岐阜県大垣《おおがき》市赤坂町）に到着し東軍諸将と合流、同地の岡山に本陣を置いた。美濃の大垣城の西軍諸将は家康の突然の出現に動揺した。そこで石田三成の家老である島左近《しまさこん》が手勢を率いて杭瀬《くいせ》川を越えて、赤坂の東軍を挑発、追撃してきた敵を伏兵で討ち取った（杭瀬川の戦い）。いわば前哨戦であり、この勝利によって西軍は落ち着きを取り戻した。

徳川家康の陽動作戦

徳川家康は九月十四日の夜、諸将を集めて軍議を開いた。正徳《しょうとく》三年（一七一三）に成立した宮川忍斎《みやがわにんさい》の『関原軍記大成《せきがはらぐんきたいせい》』によれば、池田輝政《いけだてるまさ》・井伊直政《いいなおまさ》は大垣城攻略を主張したが、福島正則・本多忠勝《ただかつ》はこのまま西上し、大坂城にたてこもる西軍総大将の毛利輝元

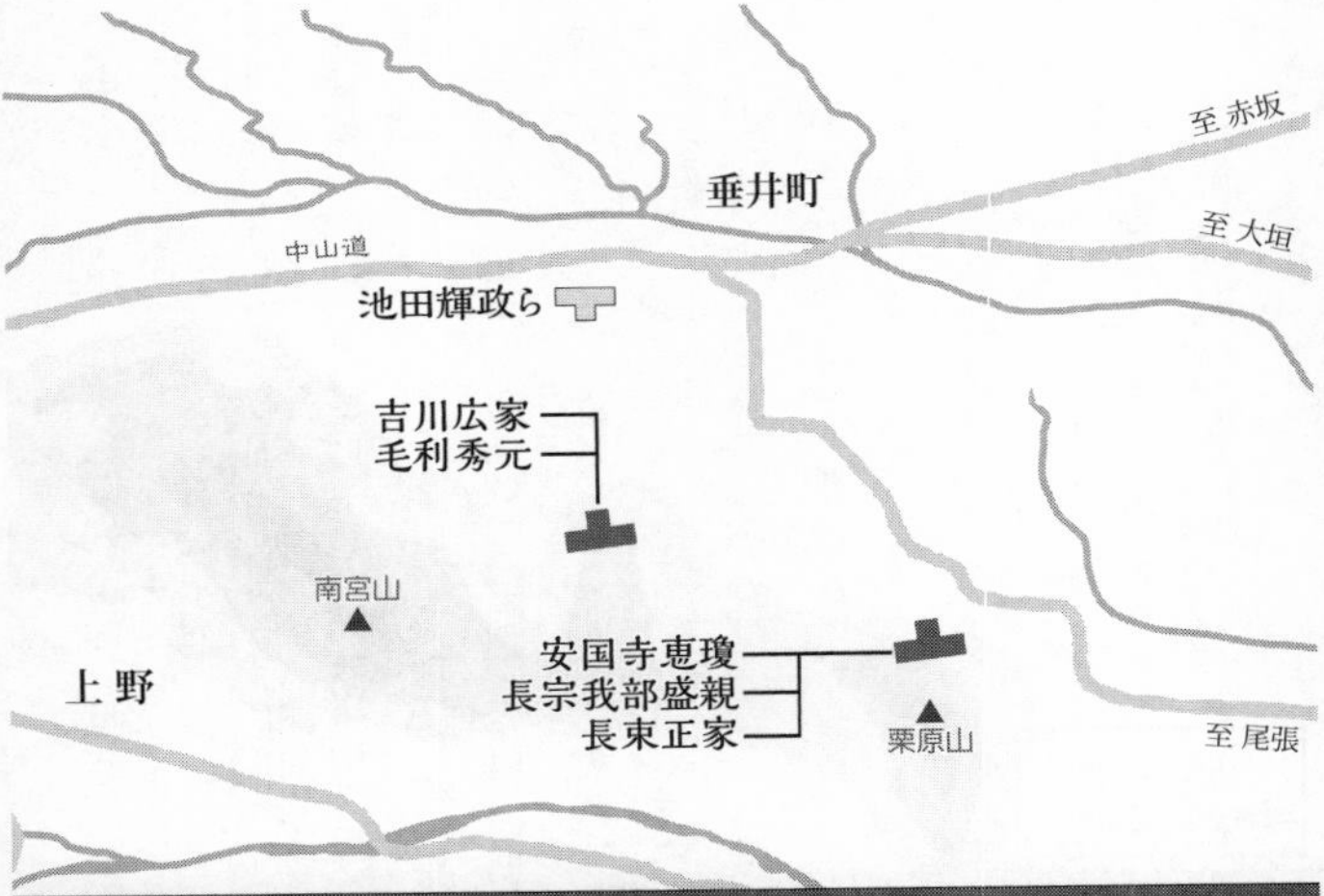

関ヶ原合戦 布陣図

と一戦交えるべきだと説いた。家康は大垣城攻めをすれば時間を費やすこと、西軍の小早川秀秋《こばやかわひであき》や吉川広家《きっかわひろいえ》が内応を約束していることなどを考慮して、大垣城を素通りしてただちに西進し、三成の居城である近江《おうみ》佐和山《さわやま》城（現在の滋賀県彦根《ひこね》市）を落とし、さらに大坂まで進撃することにした。

　これは西軍の本拠を一気に衝《つ》く策だが、旧日本陸軍参謀本部が編纂した『日本戦史　関原役《せきがはらのえき》』（一八九三年）以来、家康はあえて作戦を秘匿《ひとく》せず、東軍が上方に向かうという情報を流した、と考えられてきた。家康の真の目的は、西軍を大垣城外に誘い出し、家

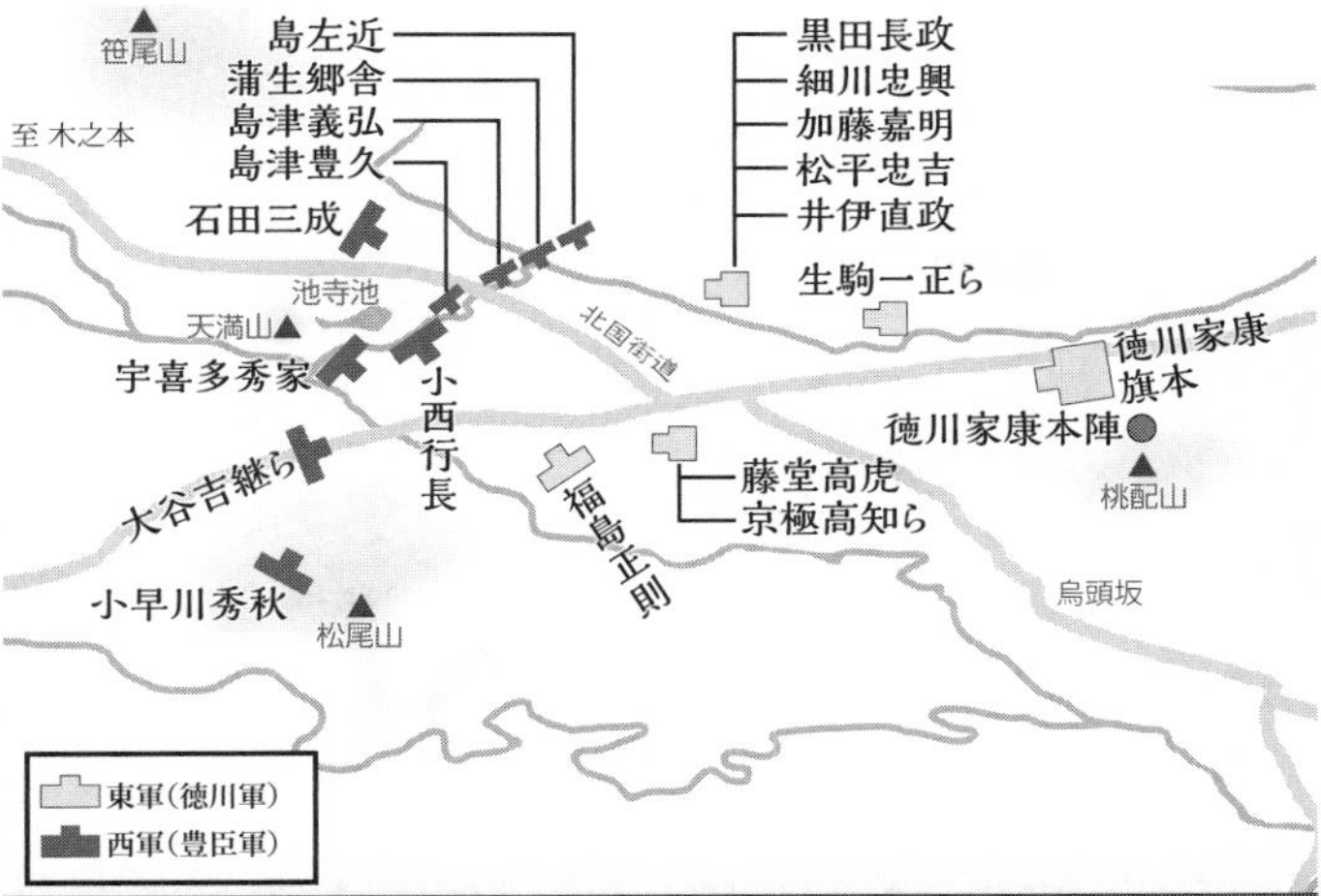

康得意の野戦に持ち込むことにあったというのだ。徳富蘇峰は『近世日本国民史　家康時代上巻』（一九二三年）で「そはこの野戦において、西軍の主脳に大打撃を加え、彼らをして一敗地に塗《まみ》れしむるは、東軍として、最も得策であるからだ。すなわち家康としては、西軍が城を出ずれば、もっとも妙、しからざればこれに頓着なく、前進すべく、いわば両途《ふたみち》かけたのだ」と解説している。

はたして西軍は動いた。美濃と近江の国境に全軍を進め、近江への街道を封鎖することで東軍を阻止する作戦に出たのである。大垣城には福原長堯《ふくはらながたか》らを残し、西軍の諸隊は石田隊を先頭に、夜陰の中を行軍し、南宮山《なんぐうさん》の南を迂回して関ヶ原に全軍を展開した。

最初に到着した石田三成は、北国《ほっこく》街道を押さえる笹尾山《ささおやま》に陣を敷いた。ついで島津義弘《しまづよしひろ》がその南で北国街道沿いの小池《こいけ》村辺りに、小西行長《こにしゆきなが》がその南の北天満山《きたてんまやま》、宇喜多秀家《うきたひでいえ》がさらに南の南天満山に布陣した。もう一つの近江に至る街道である後の中山道《なかせんどう》を扼《やく》する山中《やまなか》村辺りは、北国攻めから戻ってきた大谷吉継《おおたによしつぐ》らの部隊が既に占拠していた。さらに南の松尾山《まつおやま》には、小早川秀秋の部隊が入っていた。南宮山には毛利勢が従前より布陣していた。『日本戦史　関原役』によれば、西軍の総兵力は七万九〇〇〇人であったという。

西軍が大垣城を出たことを知ると、家康は進軍を開始した。十五日寅《とら》の刻《こく》（午前三時頃）のことである。東軍の諸隊も相次いで関ヶ原へと向かった。明け方、東軍は関ヶ原に到着し、西軍に対して東方に布陣した。その数は七万人ほどとされる。兵力はほぼ互角であるが、後方の東を大垣城の西軍に、前方の西を西軍主力に、南を南宮山の毛利勢に、北を山に包囲された東軍は、傍目《はため》には圧倒的に不利だった。

しかし実際には松尾山の小早川秀秋や南宮山の吉川広家（毛利勢の先鋒）が東軍に通じており、包囲網は穴だらけだった。西軍は東軍の先回りをして万全の布陣を整えたつもりだったが、既に家康の術中にはまっていたのである。

「問鉄砲」による勝利

九月十五日の午前八時頃、まだ霧が立ち込める中、合戦は始まった。東軍先鋒の福島正則隊の横をすりぬけて、徳川家重臣の井伊直政が娘婿で家康四男の松平忠吉《まつだいらただよし》と共に最前線に出て、西軍の宇喜多秀家隊に鉄砲を撃ちかけて合戦の火ぶたを切ったという。これは、徳川軍主力を率いる家康嫡男の秀忠が関ヶ原に間に合わないという誤算が生じたため、徳川家の威信を示すべく家康が抜け駆けを命じたとされる。

両軍は一進一退の攻防を繰り広げた。西軍宇喜多隊と東軍福島隊との戦い、西軍石田隊と東軍諸隊との戦闘は特に激しかった。石田三成は松尾山の小早川隊と、南宮山の毛利諸隊に参戦を促したが、両者ともに動かなかった。

焦ったのは西軍の石田三成だけではない。東軍の徳川家康も同様であった。裏切りを約束した小早川秀秋がいつまでも動かないのを見た家康は右手の指をしきりに嚙んで「せがれめにはかられた」とつぶやいたという。小早川隊が形勢を観望しているため、関ヶ原の西端において展開されている戦闘は膠着《こうちゃく》状態に陥ってしまった。

家康は黒田長政《くろだながまさ》を介して吉川広家と密約を結んでいたが、南宮山毛利勢の総大将である毛利秀元《ひでもと》は内通には関与していなかった。南宮山の麓に陣取る先鋒の広家が動かず、後方の毛利諸隊の通行を禁じているため毛利勢は進撃できていないが、秀元はいずれ広家の内通を看破し、南宮山の毛利勢が一斉に下山して攻撃に移るであろう。そうなれば関ヶ原東端において大規模な戦闘が開始され、東軍は東西から挟撃されることになる。動揺した東軍内部から裏切りが発生する最悪の事態をも想定しなければならない。

業を煮やした家康は、正午過ぎ、小早川隊に向けて、旗幟《きし》鮮明を求める挑発の鉄砲を撃ちかけた。いわゆる「問鉄砲《といでっぽう》」である。逆上した小早川隊が東軍に襲いかかってくる可能性もあったから、危険な賭けである。だが、この冒険策は図に当たった。若く戦場経験の浅い秀秋は恐慌をきたし、西軍攻撃を指示した。かくて一万人を超える大軍が松尾山を下り、西軍最右翼の大谷吉継隊めがけて突入した。

しかしながら吉継は、秀秋の異心を見抜いていたため、かねてから備えていた六〇〇の精兵をもって防ぎ、西軍の平塚為広《ひらつかためひろ》・戸田重政《とだしげまさ》隊も小早川隊の側面を突いた。小早川隊は思わぬ反撃に二度三度と松尾山に押し戻された。

ところが、東軍藤堂高虎《とうどうたかとら》の合図に従って、事前に内応を約束していた脇坂安治《わきざかやすはる》・朽木元《くつきもと》綱《つな》・小川祐忠《おがわすけただ》・赤座直保《あかざなおやす》の四隊が一斉に離反して西軍に攻めかかった。さしもの大谷隊らもこれには支えきれず壊滅、吉継は自害した。

小早川隊の参戦を見た家康は、全軍に総攻撃を命じた。小早川隊の裏切りと東軍総攻撃によって、西軍は総崩れとなった。大谷隊の壊滅でまず小西隊が崩れ、宇喜多隊も潰《つい》えた。小西行長・宇喜多秀家は戦場から離脱した。石田隊は最後まで抗戦したものの、ついに崩され、三成は伊吹山《いぶきやま》方面へと逃走した。

かくして天下分け目の戦いは、東軍の圧勝という形で幕を閉じたのである。

2　白峰旬氏らの新説の衝撃

「問鉄砲」はあったのか

前節で示した関ヶ原合戦の通説的叙述は、『日本戦史　関原役』『近世日本国民史　家康時代上巻』などに拠った。これらの文献が主な典拠としたのは、『関原軍記大成』に代表される江戸時代の関ヶ原軍記である。

ところが近年、白峰旬氏が従来の関ヶ原合戦像を根底から覆す新説を発表した。白峰氏は精力的に関ヶ原関係の論文・書籍を発表しているが、氏の関ヶ原論で最も重要なものは、「問鉄砲」の否定であろう。

白峰氏は史料を博捜《はくそう》し、関ヶ原合戦直後の史料や江戸時代前期に成立した編纂物には「問鉄砲」の記述がないことを明らかにした。白峰氏によれば、「問鉄砲」の初出は元禄《げんろく》元年（一六八八）成立の『黒田家譜《くろだかふ》』だという。白峰氏の新説提唱後、学界で研究が進展し、現在確認されている「問鉄砲」の初出史料は植木悦《うえきえつ》が著した軍記物『慶長軍記』である。同書は寛文《かんぶん》三年（一六六三）に成立しているので、『黒田家譜』よりは二十年以上早いが、それでも関ヶ原合戦から半世紀以上を経ている。一連の研究により、「問鉄砲」が後世の創作であることはほぼ確定したと言える。

従来、「問鉄砲」という家康の無謀と紙一重の大胆な策が勝因と考えられてきた。たとえば歴史学者の笠谷和比古氏は「東軍優勢という当面の戦局に即してのみ見るならば、小早川に挑発鉄砲を撃ちかけるというのは、常軌を逸した行為と言わざるをえないだろう。すなわち家康が、そのようなリスクを犯してもなお小早川隊に向けて挑発の鉄砲射撃を敢行したということは、それを実行しなければ、それ以上のリスクが到来するという状況認識を抜きにしては理解できないということである」と論じている（『戦争の日本史17　関ヶ原合戦と大坂の陣』)。

だが「問鉄砲」が史実でないとすると、神がかり的な家康の軍事的判断によって、当日午前中の一進一退の攻防から一変して東軍の劇的な勝利に終わったという関ヶ原合戦像はその前提を失い、「家康神話」は崩壊する。白峰説が歴史学界にもたらした衝撃の大きさは容易に理解されよう。

小早川秀秋は即座に裏切った?

では「問鉄砲」が原因でないとしたら、小早川秀秋はなぜ西軍を裏切ったのか。白峰氏は、そもそも小早川秀秋は裏切りを逡巡しておらず、開戦直後に寝返ったと主張している。白峰氏は主張の根拠となる一次史料として、(慶長五年)九月十七日付松平家乗《いえのり》宛石川康《いしかわやす》通《みち》・彦坂元正《ひこさかもとまさ》連署書状写(「堀《ほり》文書」)を挙げる。松平家乗は家康の家臣で(一門衆)、関ヶ原合戦当時は三河国の吉田城の守備を担当していた。石川康通・彦坂元正は、これまた家康の家臣で、十七日時点で佐和山城を守っていた。要するに、前線に近い石川と彦坂が関ヶ原合戦の結果を後方の松平家乗に伝達したのである。

同史料には、「十五日の巳《み》の刻(午前十時頃)、関ヶ原で一戦及ぼうとして、石田三成・

島津義弘・小西行長・宇喜多秀家が関ヶ原に移動した。東軍は井伊直政・福島正則を先鋒としてその他の部隊を後に続けて、西軍の陣地に攻め込んで戦いが始まった時、小早川秀秋、脇坂安治、小川祐忠・祐滋《すけしげ》父子の四人が（家康に）御味方して、裏切りをしたので、西軍は敗北した」という記述がある。これに従えば、開戦まもなく小早川秀秋らは裏切ったことになる。

その後、白峰氏は根拠となる史料を追加して、主張を補強している。（慶長五年九月十七日）吉川広家自筆書状案（『大日本古文書　吉川家文書之二』九一三号）には「（東軍が西軍を）即時に乗り崩され、悉《ことごと》く討ち果たされ候」「内府様（家康）直《ただち》に山中へは押し寄せられ合戦に及ばれ、即時に討ち果たされ候」とあり、このことから、やはり開戦直後に東軍の勝利が決まったと説く。「山中」とは、従来戦場と考えられていた平坦な「関ヶ原」の西に位置する山地である。白峰氏は「山中エリアに布陣していた石田方の主力諸将は、一方的に家康方の軍勢に攻め込まれて『即時』に敗北したのが事実であった。従来の通説では、合戦当日（九月十五日）の午前中は一進一退の攻防であり石田方の諸将は善戦したとされてきたが、このように石田方の主力諸将は関ヶ原に打って出て家康方の軍勢と華々しく戦ったわけではなかった」と論じている（『関ヶ原大乱、本当の勝者』）。

加えて、（慶長五年）九月二十日付近衛信尹《このえのぶただ》宛近衛前久書状（「陽明《ようめい》文庫」）でも、前久は関ヶ原合戦について、東軍が「即時」に切り立てて「大利（大勝利）」を得たと伝えている。東軍関係者以外の同時代人が伝える戦況情報という点で軽視できない。同書状では小早川秀秋の裏切りにも言及しているが、秀秋の裏切りによって大谷吉継が討たれたとのみ記しており、秀秋の逡巡や「問鉄砲」、吉継の善戦については語っていない。通説が語る関ヶ原合戦の展開は後世の創作である、と白峰氏は結論づけている。

小早川秀秋の不穏な動きと西軍の対応

白峰氏の議論に刺激され、在野の歴史研究者も関ヶ原論争に参戦した。その一人、高橋《たかはし》陽介《ようすけ》氏は著書『一次史料にみる関ヶ原の戦い』を二〇一五年に自費出版し、さらに乃至政彦《ないしまさひこ》氏と共著で二〇一八年に河出書房新社から『天下分け目の関ヶ原の合戦はなかった』を発表した（二〇二一年に文庫化）。

高橋氏の主張は多岐にわたり、白峰説への批判も含まれている。しかし白峰氏の新説を支持している部分も少なくない。白峰・高橋両説の共通点として、小早川秀秋は関ヶ原合戦開戦前から東軍への寝返りを決断しており、事実上、東軍として活動していたという主張が挙げられる。

白峰氏は「秀秋は伏見落城後、石田三成が伊勢の安濃津城《あのつじょう》攻めに行くように指図したにもかかわらず、これに従わず、関地蔵《せきじぞう》から引き返して近江の高宮《たかみや》に陣を取り、このため石田三成などから『二心あり』と疑われるようになった。そして、佐和山城にいた大谷吉継が秀秋を欺いて招き捕らえようとしたり、平塚為広と戸田重政を使者として高宮に遣わし秀秋に直接対面して討とうとした。その後、秀秋は近江の柏原《かしわばら》に陣を移したところ、石田三成などが謀議して秀秋の陣を攻めようとしたので、稲葉正成《いなばまさなり》は諸士と相談して兵力を率いて美濃国に行き、九月十四日に松尾山の新城に入り、その城主である伊藤盛正《いとうもりまさ》を排除した」(「関ヶ原の戦いに関する再検討」『別府大学大学院紀要』)と述べている。この白峰氏の指摘が正しければ、西軍の武将を実力で排除している以上、関ヶ原合戦前日の時点で、小早川秀秋は明確に東軍に加担していたことになる。

高橋氏も白峰説を踏襲し、「松尾山には伊藤盛正(大柿三万四〇〇〇石の領主)が入って普請をしていたが、秀秋率いる部隊はそれを追い出して、松尾山を占拠した。これは西軍に対する明確な敵対行為である。したがって、大柿の三成らが、秀秋の寝返りを知ったのは、九月一五日の昼ではなく、一四日の夜であるということになる」と語っている。

さらに白峰・高橋両氏は、石田三成らが大垣城から関ヶ原に移動したのは、徳川家康に誘い出されたからではなく、小早川秀秋の寝返りを察知し、関ヶ原にいる大谷吉継を救援するためだった、と論じている。すなわち白峰氏は、前掲の吉川広家自筆書状案に「小早川秀秋は逆意が早くもはっきりする状況になったので、大柿衆（大垣城にいた諸将）は、山中の大谷吉継の陣は心元《(原文ママ)》なくなったということで、（大垣城から）引き取った（移動した）」と書かれていることに注目している（『新解釈　関ヶ原合戦の真実』）。高橋氏も吉川広家自筆書状案や『慶長《けいちょう》年中《ねんじゅう》卜斎記《ぼくさいき》』の記述を根拠に、「小早川秀秋の寝返りを知った三成は、秀家・行長・惟新《いしん》〔島津義弘《よしひろ》〕の諸隊を率いて、秀秋を討つべく、雨の降るなか、山中方面へ向かった」と叙述している。

毛利家は九月十四日の時点で降伏を願い出ていた？

さらに高橋氏は、小早川氏だけでなく毛利氏も、関ヶ原前夜に東軍加担を決断していたと説く。すなわち「九月一四日の夜、すでに東西両軍の勝負がついたと判断した南宮山の吉川広家は、東軍との和談交渉をすることを決意した。…（中略）…和談といっても事実上の『降伏』だが、事ここに至っては、毛利家としての選択肢は降伏するか、滅亡するしか残されていない。…（中略）…広家は美濃方面の大将である〔長束《なつか》〕正家《まさいえ》や〔安国寺《あんこくじ》〕恵瓊《えけい》に相談することなく、和談の使者を垂井《たるい》の黒田長政の陣地へ送り込んだ」「〔十五日朝に〕井伊直政・本多忠勝ら〔徳川氏重臣〕と、吉川広家・福原広俊《ふくばらひろとし》〔毛利氏重臣〕らが起請文《きしょうもん》をとりかわし、広家・広俊ら〔が〕人質を差し出した時点で、東軍と西軍の総和談は成立したとするべきである。そしてそれは、事実上の西軍の降参を意味する」というのである。

以上のように、白峰・高橋氏らの新説は、「問鉄砲」による〝逆転劇〟を否定し、関ヶ原合戦の開戦前から東軍の圧倒的優勢が確立しており、勝つべくして勝ったと主張するものである。

3　新説への批判

「問鉄砲」の再評価

ところが最近、笠谷和比古氏は「問鉄砲」は実在した、と主張して新説を批判した。笠谷氏は『備前老人物語』に、徳川方が松尾山の麓に展開していた小早川の陣に対して誤射を装った訳ありの射撃を行ったという逸話があることに着目した。笠谷氏は、誤射の体裁を装うという抑制された形での警告射撃ならあり得ると指摘し、「後世、家康側からの警告射撃に促されて秀秋が進撃したという話が独り歩きすることによって、家康の鉄砲部隊が松尾山山頂めがけて一斉発砲（いわゆる、つるべ撃ち）したという華々しい話へと肥大化していったものであろう」と推測している（『論争関ヶ原合戦』）。

しかし笠谷氏自身が認めるように、『備前老人物語』の「記事そのものは後代の伝聞に基づくものであるから第二次史料」である。著者も不明、成立年代も不明である。笠谷氏は「第二次史料だからといって一律に否定、排除するというのは妥当とは言えない」と主張するが、つるべ撃ちによる「問鉄砲」を叙述する史料は否定し『備前老人物語』は信用できる史料として採用するという基準は不明確で、恣意《しい》的な判断に思える。何より、「問鉄砲」の初見史料である『慶長軍記』への分析を欠いているため、笠谷説には従えない。

小早川秀秋は開戦後に逡巡していた？

笠谷氏は、小早川秀秋が開戦直後に裏切り、東軍が危なげなく圧勝したという見解に対しても批判を加えている。前節で紹介したように、白峰旬氏は吉川広家書状の「即時に乗り崩した」という表現などを根拠に、関ヶ原合戦は開戦と共にあっという間に決着がついたと説いている。これに対し笠谷氏は、「この『即座に乗り崩し』というのは当時の武将たちの、勝利を収めたときの常套表現と言って差し支えない。『手もなく簡単に片づけてやった』という口癖のようなものであって、本当に『あっという間に』であるかは定かではない」と批判する。

笠谷氏は、八時間を要した長篠合戦（本書128P）の勝利を細川藤孝に報じた織田信長の書状にも「即座に乗り崩し」の表現がある、と指摘する。この指摘は重要だが、白峰説は吉川広家書状の「即時」だけを根拠にしているわけではない。前節で掲げたように、（慶長五年）九月十七日付松平家乗宛石川康通・彦坂元正連署書状写（「堀文書」）の記述を見る限り、開戦間もない巳の刻（午前十時頃）に小早川秀秋が裏切って、あっという間に東軍勝利が決まったと考えられる。

これに対して笠谷氏は、「関ヶ原合戦の開戦時刻については、諸種の史料を総合的に勘案するならば、だいたい午前八時頃であったかと思われる」と主張する。そして「当時の戦いにおいて、明け方までに両軍の布陣が完了しておきながら、昼近くの一〇時になって漸く開戦するなどということは先ずないことである」と指摘する。

笠谷氏によれば、「当時の合戦における基本形は、両軍がともに布陣を完了していたという状態の下では、早朝、払暁〔卯《う》の刻〕とともに戦闘が開始される」という。笠谷氏は姉川《あねがわ》合戦、長篠合戦も早朝、払暁から開戦に及んでいる、と根拠事例を挙げており、一定の説得力を持つ。

しかしながら午前八時頃から開戦したと記す史料は、全て後世に成立した二次史料であり、一次史料である石川康通・彦坂元正連署書状写の記述を重視すべきであろう。関ヶ原合戦において開戦時刻が通例より遅かったのは、当日朝は深い霧が立ち込めており、同士討ちを恐れたためと思われる。なお高橋陽介氏は、井伊直政と松平忠吉が霧の中で抜け駆けをして合戦の火ぶたを切ったという話（本書139P）は一次史料では確認できず、後世の創作であると指摘している。やはり白峰説が妥当であると筆者は考える。

小早川秀秋は前日に裏切っていたか？

前節で述べた通り、白峰氏は、小早川秀秋が九月十四日に松尾山の新城に入り、その城主である西軍の伊藤盛正を排除した、と主張している。白峰説の史料的根拠は『寛永諸家系図伝《かんえいしょかけいずでん》』『寛政重修諸家譜《かんせいちょうしゅうしょかふ》』の稲葉正成（妻は春日局《かすがのつぼね》）の項である。稲葉正成は小早川家改易《かいえき》後、牢人を経て徳川家康に仕え、その子孫は大名として存続した（淀《よど》藩）。正成が関ヶ原合戦に小早川家臣として参加していたとすると、藩祖正成の名誉のためにも、稲葉家としては「小早川勢が関ヶ原合戦以前から東軍についていた」と主張する必要があった。ゆえに『寛永諸家系図伝』『寛政重修諸家譜』の記述は鵜呑みにはできない。

実際、白峰氏も二〇〇八年の論文では、「『寛永諸家系図伝』、『寛政重修諸家譜』が幕府へ提出された家譜であるという性格を考慮すると、『寛永諸家系図伝』や『寛政重修諸家譜』の稲葉正成の項における松尾山入城までの経緯について、秀秋と稲葉正成がいかに反石田三成の立場で軍事行動をしたか、という文脈で書かれている点には注意が必要である。つまり、家康の勝利につながる原因をつくった秀秋の行動において、三成の意図に反して松尾山城に入城したという話は家康にとってメリットになったわけで、こうしたストーリーを脚色した可能性も指摘できるのではないだろうか。よって、『寛永諸家系図伝』、『寛政重修諸家譜』が述べるところの伊藤盛正強制退去説というのも、一度白紙にして再検討すべきかもしれない」と留保をつけていた。けれども白峰氏は、その後、当初の慎重な姿勢から転換し、伊藤盛正強制退去を史実とみなしている。この点は疑問である。

加えて光成準治《みつなりじゅんじ》氏は、稲葉正成（通政《みちまさ》）の関係史料を詳細に検討し、正成が関ヶ原合戦以前から小早川秀秋に仕えていたことを示す史料はどれも偽文書の疑いがあると指摘している。そして光成氏は「関ヶ原合戦以降に、秀秋家中に入った可能性もある。その場合、関ヶ原合戦時における通政の行動を記した由緒は、家康への貢献を主張するための創作ということになる」と推測している(『小早川隆景・秀秋』)。傾聴に値する指摘であろう。

『寛永諸家系図伝』は、既に松尾山に西軍の武将である伊藤盛正が入っていたにもかかわらず、小早川秀秋が実力で追い出したと語っているが、実際は石田三成らの指示による平和的な任務交代だったと考えられる。伊藤盛正は三万石の大名なので、兵力が足りない。家康を迎え討とうと考えた場合、松尾山には数千〜一万の軍勢が必要であり、伊藤盛正では松尾山を守りきることは無理である。したがって盛正による守備は一時的なもので、西軍首脳部は盛正を大身の大名と交代させる予定だった。そのような時に大軍を率いている小早川秀秋が関ヶ原へやってきたので、秀秋と交代させたのだろう。光成氏は、秀秋は「西軍の戦略として松尾山に入った蓋然性が高い」と指摘している。

常識的に考えても、十四日の段階で小早川秀秋が旗幟を鮮明にするのはリスクが大きすぎる。東軍との合流前に、西軍に包囲殲滅される恐れがあるからである。小早川秀秋が十四日の時点で西軍を裏切り、西軍が小早川討伐(大谷救出)のために関ヶ原に移動したという白峰・高橋説には疑問がある。やはり秀秋の寝返りは開戦後と見るべきではないだろうか。

吉川広家の証言は信用できるか

さて、毛利氏が九月十四日の時点で東軍に「降伏」していたという高橋陽介氏の新説は、どう評価すべきだろうか。高橋氏が論拠に用いている吉川広家の覚書類は関ヶ原戦後の毛利氏大減封の後に作成されたもので、自己弁護の色彩が強い。これらの史料の記述をそのまま信用することは危険である。

よく知られているように、関ヶ原合戦後、毛利輝元は、吉川広家と黒田長政・井伊直政との下交渉を前提に、本領安堵を条件に大坂城から退去した。だが翌十月、輝元は諸大名への西軍参加斡旋と四国出兵を家康から咎《とが》められて本領安堵を反故《ほご》にされ、領国を周防《すおう》・長門《ながと》の二ヶ国に削減されてしまった。当然、東軍との交渉を主導した広家に対して、毛利家中から責任追及の声が上がったと推測される。そこで広家は、自身が徳川家康との決戦回避に尽力したにもかかわらず、安国寺恵瓊が暗躍した結果、毛利氏が処罰されてしまったと主張したのであろう。

白峰旬氏は「関ヶ原〔の〕戦いの本戦前日（九月十四日）にいかにも九月十四日付本多

忠勝・井伊直政連署起請文によって毛利輝元と家康との『惣和談』が調ったかのように広家が偽装した」と指摘している。そして「広家がこうした偽装をおこなった理由は、関ヶ原戦いの本戦前日（九月十四日）に、毛利輝元と家康との『惣和談』が急遽《きゅうきょ》調ったことは事実ではないにもかかわらず、それをあえて既成事実化しようとしたことと、『惣和談』が調った功績（実際には「惣和談」は調っていないが）は広家の尽力によるものであると強調したかったからであろう」と推測している（「関ヶ原の戦いについての高橋陽介氏の新説を検証する」）。

なお、本来は毛利輝元が改易処分を受け、吉川広家が二ヶ国を賜るはずだったところ、広家が二ヶ国を自身ではなく輝元に与えてほしいと懇願したという有名な話の根拠となっている史料群は、広家の子孫である吉川家が創作した偽文書である、と光成準治氏が指摘している（『関ヶ原前夜』）。吉川家は、関ヶ原合戦の「戦犯」である広家を、自らが大名になるチャンスを捨ててまで毛利本家の危機を救った「忠臣」に仕立て上げたのである。

総じて白峰・高橋両氏は、「問鉄砲」による劇的な勝利を否定しようとするあまり、開戦前に東軍の圧倒的優位が確立していたことを強調しすぎているように感じられる。先入観に囚われず通説を根本から問い直すことは重要だが、インパクトの強い新説を提示することじたいが目的になってしまったら本末転倒である。白峰氏の「問鉄砲」否定論の功績を多としつつ、白峰説を批判的に継承していくことが今後の関ヶ原合戦研究では求められよう。

※本文中の〔　〕は筆者注

第六章　大坂の陣

1　通説が語る大坂の陣

大坂の陣と家康神話

大坂の陣は、徳川家による天下掌握が確定した戦争である。慶長五年（一六〇〇）の関ヶ原合戦に勝利した徳川家康は三年後に征夷大将軍に任官した。だが、その時点では豊臣秀頼が関白に任官するのではないかという観測も流れており（「鹿苑日録《ろくおんにちろく》」・「萩藩閥閲録《はぎはんばつえつろく》」）、秀頼の復権の可能性も残されていた。

慶長十年（一六〇五）、家康嫡男の秀忠が征夷大将軍に任官して、家康は形式的に隠居して大御所となり、駿府に移った。かくして、徳川家が将軍職を世襲して恒久的に天下を治めることが確定した。それでもなお、豊臣家は徳川家に対して臣従の姿勢を見せず、豊臣領国は一種の〝治外法権〟と化していた。江戸幕府による全国支配を完成させる上で、豊臣家の存在は大きな障害であり、この問題を解決する処方箋が大坂の陣であった、とされる。

大坂の陣に対する一般的な理解は、徳川家康が卑怯な陰謀によって豊臣家を滅亡に追い込んだ、というものであろう。方広寺《ほうこうじ》の鐘銘《しょうめい》を口実に豊臣家を挑発して戦争に持ち込み、大坂城の内堀の埋め立てなどの謀略によって豊臣家を滅ぼしたという認識が「狸親父」イメージを決定づけた。

一例として、前章でも取り上げた徳富蘇峰の見解を紹介しよう。蘇峰は大正十二年五月に『近世日本国民史　家康時代中巻』を発表している。この本の序文で蘇峰は関ヶ原の戦いの時の家康と、大坂の陣の時の家康とを比較している。豊臣秀吉の死後、関ヶ原合戦に勝利するまでの過程で家康は権謀術数を駆使した。しかし家康の一連の行動は「いかにも自然らしく」見える。「関原役における家康の所作は、人巧尽きて天巧至るの妙技に達している観がある」と説く。

これに対し大坂の陣では、家康の強引な手法が目に余るという。「徹上徹下、不自然に始まり、不自然に中し、不自然に終わった。大仏鐘銘を、開戦の理由とする不自然だ。冬陣の講和に、郭《くるわ》を毀《こぼ》ち濠を埋むる不自然だ。夏陣終わりに秀頼・淀殿を殺すは勿論、秀頼の八歳になる幼児まで、百方探索の上、これを殺すに至りては、不自然中の不自然というも、誰がこれを不可とせむ」と蘇峰は非難する。すなわち「関原役は、いかにも悠揚として英雄らしき行動であった。大阪役に至りては、いかにもこせこせとして、なんらのゆとりなく、余裕なく、小人の行動であった」と。

しかし、近年の研究の進展に伴って、大坂の陣のイメージが塗り替わりつつある。本章では、通説を再確認しつつ、研究史を振り返り、大坂の陣研究の最前線を紹介する。

合戦の発端

まずは、家康側近が記したとされる大御所家康の動静記録『駿府記』の記述などに基づき、大坂の陣の経緯を確認しておこう。一般に発端は方広寺鐘銘事件と考えられている。方広寺大仏殿は、豊臣秀吉が京都東山の三十三間堂の近くに建立した寺院である（なお方広寺という名称は後につけられたもので、当時は大仏・大仏殿と呼ばれていた）。文禄《ぶんろく》五年（慶長元年、一五九六）の慶長伏見地震で木造大仏が被害を受け、再建の間もなく秀吉が死没したため、豊臣秀頼が唐銅による大仏再建に取りかかった。ところが慶長七年（一六〇二）十二月に失火のため大仏殿が焼け落ちてしまった。しかし秀頼はあきらめず、同十四年から大仏殿と大仏の再建を始めた。

慶長十九年（一六一四）春、再建工事がほぼ完成し、四月には梵鐘《ぼんしょう》の鋳造《ちゅうぞう》も行われた。大仏開眼供養は八月三日、大仏殿供養は同十八日に行われる予定であった。ところが七月下旬に入り鐘の銘文が問題視され、家康は供養の延期を命じた。よく知られているように「国家安康」「君臣豊楽」の二句が、豊臣の繁栄を言祝ぐ一方で家康を呪詛するものであるとして、家康が激怒したのだ。豊臣家家老の片桐且元《かたぎりかつもと》は弁明のため駿府を訪れるが、家康には会えず、家康側近の金地院崇伝《こんちいんすうでん》・本多正純《ほんだまさずみ》に詰問される。大坂に戻った且元は三箇条（秀頼の在江戸・淀殿の在江戸・大坂城退去）のどれかを受け入れるべきと提案したため、豊臣秀頼・淀殿の怒りを買い、十月一日に大坂城を去った。

片桐且元は豊臣秀頼と徳川家康に両属するような立場であり、両家をつなぐパイプ役となっていた。その且元を秀頼が一方的に追放したことは、徳川家との断交を意味する。大坂方は、且元を追放した翌日の二日には戦闘準備を始めた。

いわゆる方広寺鐘銘事件は、豊臣家を討伐するための家康の謀略と考えられてきた。徳富蘇峰は「大阪の戦意発表は、宣戦の原因でなく、結果だ。大阪は最後の通牒を突き付けられ、その上に重ね重ねの無理難題を浴せ掛けられ、坐して亡滅を待たんよりは、寧ろ万一を僥倖《ぎょうこう》せんとして、戦闘準備をしたのだ」と論じている。

豊臣家の募兵と徳川家康の出陣

大坂方は、豊臣秀頼の名をもって、福島正則をはじめとする秀吉恩顧の大名に参戦を呼びかけた。しかし大坂方の期待に反して、秀頼に味方する大名は一人もいなかった。それどころか、大坂加担の嫌疑をかけられることを恐れて、秀頼からの書状を家康に提出したりした。徳富蘇峰は「彼らは徳川幕府によりて、その一身の栄達を得、子孫の計を全うせんとした」「人情ほど頼みにならぬものはない」と述べている。

けれども、大坂方は城内に備蓄されていた膨大な金銀をばらまき、諸国の牢人を呼び寄せた。彼らは徳川に遺恨を持ち、また現在の窮状を打開し立身出世、一攫千金《いっかくせんきん》の夢を抱いて大坂に入城した。牢人衆の代表としては、長宗我部盛親《ちょうそかべもりちか》・後藤又兵衛《ごとうまたべえ》（基次《もとつぐ》）・真田幸村《ゆきむら》（正しくは信繁《のぶしげ》だが軍記類では専ら「幸村」と記される）・毛利勝永《もうりかつなが》（正しくは「吉政《よしまさ》」だが軍記類では専ら「勝永」と記される）・明石全登《あかしてるずみ》らが挙げられる。大坂方の兵力は十万（『長沢聞書《ながさわききがき》』）とも七万三千五百（『明良洪範《めいりょうこうはん》』）とも言う。

一方の関東方はどうか。片桐且元が大坂城から退去するという報告は、事前に駿府の徳川家康のもとに届いていた。家康は十月一日には大坂討伐を決定し、近江・伊勢・美濃・

尾張など沿道の諸大名に出陣を命じた。

家康は伊勢桑名城主の本多忠政《ただまさ》（徳川四天王の本多忠勝の嫡男）、伊勢亀山《かめやま》城主の松平忠《ただ》明《あきら》（家康の外孫）らを先行して上洛《じょうらく》させた。そして十月十一日に駿府を出発し、同二十三日、五百余りの手勢を率いて京都に到着した。同日、将軍秀忠が五万余の大軍を率いて江戸城を発した。

大坂冬の陣

これより先の十月中旬、大坂城では軍議が行われた。真田幸村は後藤又兵衛と共に、宇治（現在の京都府宇治市）・勢多《せた》（現在の滋賀県大津市）まで進出して関東方の渡河を阻止する積極策を唱えた。ところが豊臣家の首脳部は籠城策を主張し、鉄壁の巨城に拠って戦うことに決した。

ただし、大坂城には防禦《ぼうぎょ》上の弱点があった。城の西は大坂湾、北は天満《てんま》川、東は深田が控えているが、城の南側は空堀を備えているのみで手薄だった。そこで幸村は籠城戦に備えて、大坂城惣構《そうがまえ》（外堀）の南東隅の外側に出丸《でまる》（砦）を築いた。奈良方面から北上してくるであろう関東方の大軍を、幸村はこの出城で迎え討とうと考えたのである。これが有名な「真田丸」である。

十一月十五日、徳川家康は京都二条城（現在の京都市中京《なかぎょう》区）を発し、大坂に向かった。十八日には天王寺の茶臼山《ちゃうすやま》に登り、秀忠の出迎えを受けた（『駿府記』）。その頃には東軍諸大名の布陣も整い、総勢二十万余の大軍が大坂城を包囲した。

翌十九日には木津《きづ》川口・伝法《でんぽう》川口で戦端が開かれ、関東方が勝利した。同日、家康は大坂城の堀に注ぐ淀川の本流を堰き止めることを指示し、土俵二十万個の準備を命じた。さらに二十一日、家康は大坂城の周囲に付け城を築くことを命じ、持久戦の備えを固めた。

十一月二十六日、関東方の佐竹義宣《さたけよしのぶ》が今福《いまふく》砦を、上杉景勝《うえすぎかげかつ》が鴫野《しぎの》砦を攻撃し、それぞれ苦戦の末に奪取した。さらに東軍は二十九日には博労ヶ淵《ばくろうがふち》および野田・福島を攻略し、大坂城包囲網を少しずつ狭めていった（『大坂御陣覚書』『大坂陣山口休庵咄』など）。

十二月四日、関東方は大坂城攻略の第一弾として、真田丸を攻撃した。真田丸を攻略しようとした越前《えちぜん》藩の松平忠直《ただなお》（家康の孫）、彦根藩の井伊直孝《なおたか》（徳川四天王の井伊直政の次男）、加賀《かが》藩の前田利常《としつね》（外様大名）らの軍勢は真田隊の地の利を活かした巧みな射撃により大損害を受けた。この「真田丸の戦い」によって、真田幸村の名は一躍高まった。

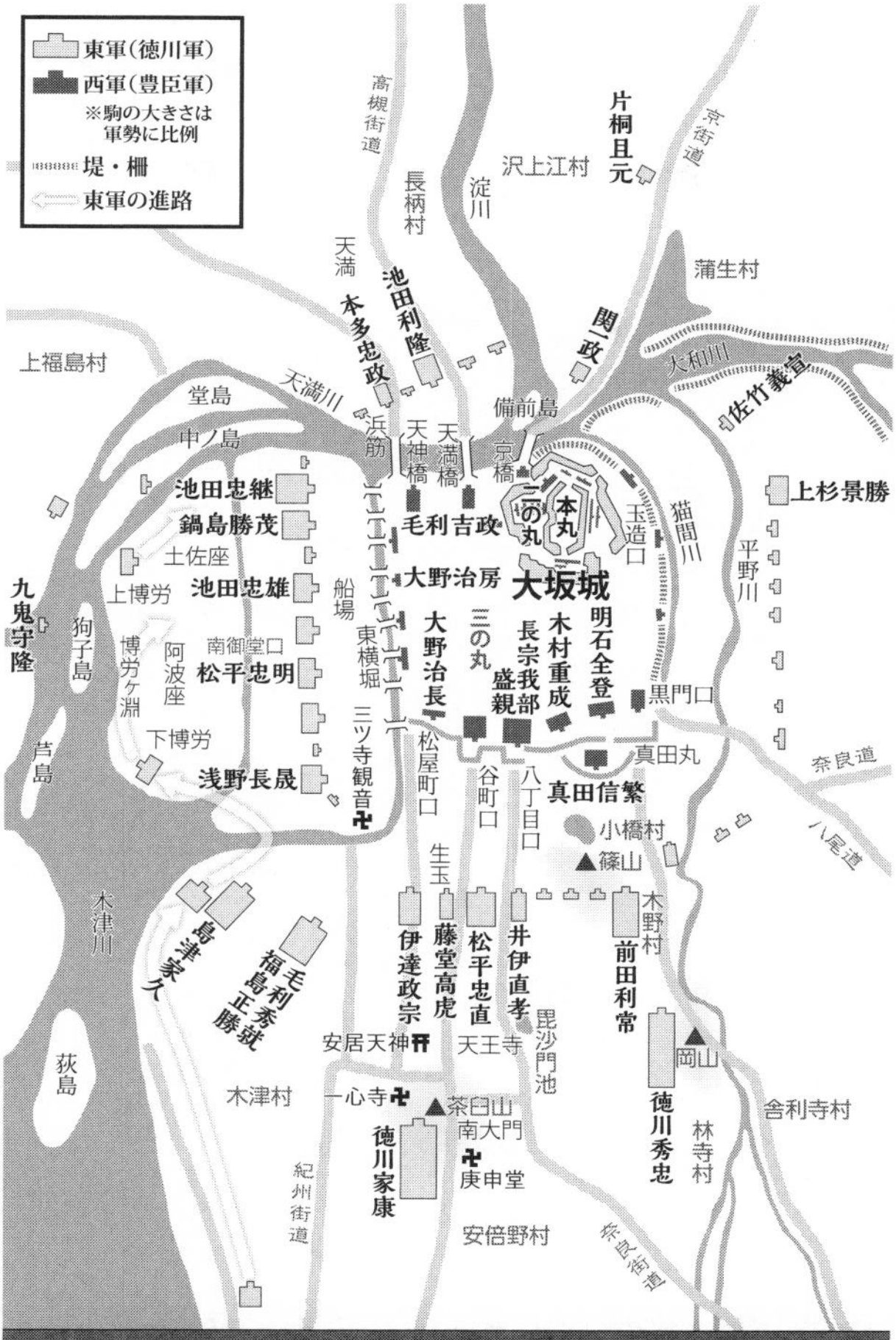
東軍（徳川軍）
西軍（豊臣軍）
※駒の大きさは軍勢に比例
堤・柵
東軍の進路
高槻街道
片桐且元
京街道
沢上江村
長柄村
淀川
天満
池田利隆
本多忠政
蒲生村
関一政
上福島村
大和川
天満川
堂島
佐竹義宣
備前島
中ノ島
浜筋
天神橋
天満橋
京橋
池田忠継
上杉景勝
鍋島勝茂
毛利吉政
二の丸
本丸
玉造口
猫間川
土佐座
平野川
大野治房
大坂城
上博労
池田忠雄
船場
九鬼守隆
狗子島
博労ケ淵
阿波座
南御堂口
東横堀
松平忠明
大野治長
三の丸
長宗我部盛親
木村重成
明石全登
黒門口
芦島
下博労
三ツ寺観音
松屋町口
谷町口
八丁目口
真田丸
奈良道
浅野長晟
真田信繁
小橋村
八尾道
篠山
生玉
木野村
木津川
島津家久
毛利秀就
福島正勝
伊達政宗
藤堂高虎
松平忠直
井伊直孝
前田利常
毘沙門池
安居天神
天王寺
岡山
荻島
木津村
一心寺
茶臼山
舎利寺村
南大門
徳川家康
徳川秀忠
林寺村
紀州街道
庚申堂
安倍野村
奈良街道

大坂冬の陣 布陣図

和睦成立

徳川家康は大坂城の堅牢さを十分承知していたため、大きな犠牲を伴う力攻めには当初から否定的だった。家康は主戦論の秀忠を抑えつつ、大坂方と講和交渉を進めていた。しかし、真田丸の戦いの勝利で勢いづいた大坂方が「淀殿が人質となって江戸に下るかわりに、籠城している牢人衆に知行を与えるため加増してほしい」と強気の要求をつきつけて家康が反発したため（『駿府記』）、交渉はいったん暗礁に乗り上げた。

ところが、数日後には、一転して和睦の気運が高まった。家康は「石火矢」と呼ばれる大砲をオランダ・イギリスから購入し、本丸や天守を砲撃した。大砲の弾が淀殿の御座所に直撃したため、徹底抗戦を説いていた淀殿は和睦に傾いた（『難波戦記』『天元実記』）。

十二月十八日・十九日の両日、関東方と大坂方の和平会談が行われた。大坂城の二の丸・三の丸を破却すれば、淀殿が人質として江戸に下る必要はない、との結論に至った。淀殿が人質になる代わりに、豊臣家首脳部の織田有楽斎《おだうらくさい》・大野治長《おおのはるなが》がそれぞれ息子を人質として提出することになった。加えて、大坂方の将兵については、豊臣譜代衆・新参牢人衆を問わず、お咎めなし、と決した（以上、家康側近の林羅山《はやしらざん》が記したとされる『大坂冬陣記』による)。二十日から二十二日にかけて、大坂方・関東方の間で使者が行き来し、豊臣秀頼と徳川家康・秀忠が誓詞(起請文)を交換し、和睦が正式に成立した(「土佐山内家文書《とさやまうち》」)。

堀の埋め立てと和睦の破綻

和睦が成立した翌日の十二月二十三日、徳川家康は堀の埋め立て工事を命じた。関東方は数日のうちに惣堀(惣構の堀、外堀)を埋め立てた。それに留まらず、関東方は二の丸・三の丸の破却に取り掛かった。

これに慌てた大坂方は家康側近の本多正純に抗議した(家康は既に大坂を去り、駿府へ向かっていた)。和睦では、二の丸・三の丸の破却は大坂方の担当と決まっていたからである。しかし正純は仮病を使って大坂方の使者と面会せず、二の丸・三の丸の破却に手間取っているようなのでお手伝いしているだけである、と伝言したという(『大坂御陣覚書』)。こうして翌慶長二十年正月中旬までに、二の丸・三の丸の堀は埋められ、矢倉《やぐら》も全て崩された。大坂城は本丸だけの裸城になった。秀忠と関東方の諸大名は帰国した。

大坂方の諸将は激昂し、牢人衆を中心に埋め立てられた堀を掘り返した。牢人たちは大坂から退去するどころか、新規召し抱えを望む牢人たちが全国からさらに集まってきた。

大坂方の軍勢は前年よりも膨れ上がったのである。大坂方の再軍備の動きは、家康に再戦の口実を与えるものだった。

豊臣秀頼・淀殿ら大坂城の首脳部は戦争回避を望んでおり、秀頼と淀殿は使者を駿府に派遣して家康との関係改善を図った。三月十五日、大坂方の使者は家康に謁見して、秀頼・淀殿の書状と進物を献上している（『駿府記』）。

ところが大坂方が京都を放火するという噂が流れ（『慶長見聞書』）、大野治長が釈明のための使者を駿府に派遣した。使者は三月二十四日に駿府に到着した（『駿府記』）。けれども家康は態度を硬化させ、秀頼が大坂城を退去して大和または伊勢に国替えするか、牢人衆を全て大坂城外に追放するか、二つに一つを選べ、という法外な要求をつきつけた（「留《る》守《す》家《け》文書」）。

大坂夏の陣

家康の作戦は、方広寺鐘銘事件で豊臣家を挑発して戦争に引きずり込み、いったん和議を持ちかけて大坂城の堀を埋め、さらに口実を設けて再戦に持ち込む、というものだった。これが通説的理解である。

四月三日、家康は、九男義直《よしなお》の婚儀を理由として、翌日名古屋に向かうことを発表した。だが真の目的は、再び大坂城を攻めることにあった（『駿府記』）。四月五日、大野治長の使者が駿府を訪れ、秀頼国替えを免除していただきたいと嘆願したが、家康はとりあわなかった（『駿府記』）。

四月六日、家康は伊勢・美濃・尾張・三河などの諸大名に伏見・鳥羽《とば》方面に集結するよう命じた（『駿府記』）。家康は十日には名古屋城に入った。秀忠も十日に江戸を発している。織田有楽斎も豊臣家を見限り、大坂城を出て、十三日に家康に対面、大坂方の軍備を報告した（『駿府記』）。家康は十五日に名古屋を出発し、十八日に二条城に入った（『駿府記』）。二十一日には秀忠が伏見城に入り、翌日には二条城に赴き、家康に対面している（『駿府記』）。二十五日には大坂攻めに参陣する大名が集結し、戦争準備は整った（『駿府記』）。

家康は五月五日に二条城を出陣した。家康は総勢十五万五千を自身と秀忠の二隊に分けて進軍した。二の丸、三の丸を破却され、本丸を残すのみとなった大坂城に籠城することは不可能であるから、大坂方五万五千は城外に打って出るしかなかった。

勝負の帰趨《きすう》は戦う前から明らかだったが、大坂方は決死の抵抗を見せた。五月六日の道明寺《どうみょうじ》の戦いでは牢人衆の後藤又兵衛・薄田《すすきだ》隼人《はやと》（兼相《かねすけ》）が、若江《わかえ》の戦いでは豊臣譜代の木村重成《きむらしげなり》が戦死した。

翌七日には大坂城の南の天王寺口（家康が布陣）や岡山口（秀忠が布陣）などで最後の戦いが行われた。決戦の火ぶたが切られたのは正午頃、家康が総指揮をとる天王寺口においてであった。関東方の本多忠朝《ただとも》隊（徳川四天王の本多忠勝の次男）が大坂方の毛利勝永隊に発砲したのである。毛利隊は本多隊を撃破し、忠朝を討ち取った。勢いに乗った毛利隊は次々と東軍諸隊を破り、家康本陣に迫った。

茶臼山に陣取り戦況を見守っていた真田幸村は、毛利隊の攻勢を好機と捉え、麾下《きか》の軍勢三五〇〇に総攻撃を命じた。対峙していた関東方の松平忠直隊は一万五〇〇〇の大軍だったが、真田隊の猛攻を受けて陣形を崩された。

この間隙をぬって、幸村は三度にわたって家康の本陣に突撃を敢行した。その戦いぶりは、敵である島津家久《いえひさ》から「真田日本一の兵《つわもの》」と称賛されるほどであった（『薩藩旧記雑録』）。家康本陣は、一時は家康の馬印が倒されるほどの混乱をきたしたが、なんとか持ちこたえ、真田隊を撃退した。幸村は退却し、安居《やすい》神社で休んでいるところを松平忠直の家臣に討ち取られた（『大坂御陣覚書』）。

岡山口でも秀忠の指揮する関東方と、大野治房《はるふさ》（治長の弟）が率いる大坂方の諸隊との

東軍(徳川軍)
西軍(豊臣軍)
※駒の大きさは軍勢に比例
行軍中の東軍
堤・柵
高槻街道
淀川
京街道
今福村
天満
浜筋
備前島
大和川
鴫野村
天神橋
天満橋
京橋
青屋口
京橋口
本丸
二の丸
猫間川
平野川
船場
明石全登
追手口
玉造口
博労ヶ淵
東横堀
大坂城
黒門口
下博労
松屋町口
谷町口
八丁目口
真田丸跡
玉造村
奈良道
三ツ寺観音
大野治房
篠山
生玉
木津川
八尾道
木野村
木津村
茶臼山
毛利吉政
木村宗明
大野治長兵
岡山
真田信繁
浅井長房
舎利寺村
片桐且元
前田利常
紀州街道
林寺村
井伊直孝
細川忠興
藤堂高虎
奈良街道
小笠原秀政
伊達政宗
松平忠直
秀忠麾下
徳川頼宣先頭
桑津村
松平忠輝
勝間村
家康麾下
紀州街道
安倍野村
徳川義直

大坂夏の陣 布陣図

間で激しい攻防が繰り広げられた。死を覚悟した大坂方の攻撃は苛烈で、将軍秀忠が陣頭指揮をとって士気を鼓舞するほどであった（『駿府記』）。

このように大坂方は奮戦した。だが時間の経過と共に、天王寺口・岡山口の両方面とも、兵力に劣る大坂方が次第に守勢に回り、名だたる武将を次々と失っていった。寄せ手の関東方は、撤退する敗残兵を追って大坂城中に突入した。

大坂城内に火の手があがり、豊臣秀頼や淀殿は山里曲輪《やまざとくるわ》に逃れた（『三河物語』『駿府記』）。落城が決定的になると、大野治長は秀頼の正室である千姫《せんひめ》（家康の孫娘）を城外に脱出させ、徳川家康に秀頼と淀殿の助命を乞うた。家康は助命を認めたが、秀忠が反対したため、沙汰止みとなった（『駿府記』『萩藩閥閲録遺漏』）。翌八日、秀頼・淀殿は自害した。時に秀頼は二三歳であった。

2 「大坂の陣」の実像

方広寺鐘銘事件の真相

大坂の陣となった方広寺鐘銘事件については、近年見直しが進んでいる。一般的なイメージとしては、長大な銘文の中からわざわざ「家」「康」「豊臣」を拾い出してきて、意図的に邪推、曲解したというものだろう。ところが、これらの文字は偶然入ったわけではない。銘文を考えた東福寺《とうふくじ》僧の清韓《せいかん》は弁明書で「国家安康と申し候は、御名乗りの字をかくし題にいれ、縁語をとりて申す也。分けて申す事は昔も今も縁語に引きて申し候事多く御座候」と、「家康」の名を意図的に織り込んだことを告白している。諮問を受けた五山僧たちも「銘の中に大御所様の諱《いみな》書かるるの儀いかがわしく存じ候…（中略）…五山に於いて、その人の儀を書き申し候に、諱相除け、書き申さず候法度御座候」など、全員が諱を書くこと、あるいは諱を分割することを批判している。

この五山僧たちの批判については、「第一に家康の意を迎え、第二に清韓長老に対する嫉妬からしても、もとより注文通りの批判を与うべきは、言うまでもない」（徳富蘇峰）など、家康に忖度したと古くから考えられてきた。

けれども、当時の社会において諱は当人と密接不可分という考え方があった。拙著『応仁の乱』でも紹介したように、現実に相手の諱を利用して呪詛する「名字を籠める」という作法も存在した。目下の者が目上の者を（たとえば「家康様」などと）諱で呼ぶことが禁じられていたのは、このためである。

確かに、家康お抱えの儒学者である林羅山の見解は、荒唐無稽でこじつけ以外の何物でもない。羅山は「右僕射《うぼくや》　源　朝臣《みなもとのあそん》(右僕射は右大臣の唐名。前右大臣の徳川家康を指す)」の句は、源朝臣(家康)を射るという呪詛だと主張した。さすがにこれは強引で、徳富蘇峰が「曲学世に阿《おもね》る」と非難したのも無理はない。だが、逆に言えば、五山僧たちは呪詛・調伏の意味があると決めつけた羅山とは一線を画しており、諱を分割すべきでないという常識的見解を表明したにすぎないのである。

歴史学者の笠谷和比古氏は「慶祝の意に出たものであるならば、あらかじめ家康の諱を織り込むことについて何がしか事前に断っておくか、幕府側に草案の披閲を受けておくべき筋合いのものである」と指摘している。徳川方が鐘銘の問題を必要以上に騒ぎ立て政治的に利用したことは否定できないが、豊臣方に落ち度があったことは事実だ。徳川方のこじつけ、難癖とは言えない。

拙著『戦国武将、虚像と実像』で指摘したように、江戸時代に徳川家の側から同事件を叙述した歴史書などが、片桐且元を取り込むなど豊臣家の分断を図った家康の権謀術数を称賛したため(江戸時代の価値観では大坂の陣は家康による謀反鎮圧であり、正当な軍事行動である)、近代以降、主家の豊臣家を陰謀で追いつめた徳川方の横暴として実際以上に印象づけられることになった。後世の史料の脚色を排して、『駿府記』など良質の史料に基づく限り、家康の同事件への対応はことさらに豊臣家を挑発したものとは言えず、常識的な政治交渉の範疇に収まると評価できよう。

籠城策以外の作戦はあり得たか

前節で紹介したように、通説では大阪冬の陣において、真田信繁・後藤基次らは宇治・勢多進出作戦を提案したが、豊臣家首脳部の反対により籠城策に決した、とされる。けれども、大坂冬の陣での宇治・勢多進出作戦の初出史料は、現在確認されている範囲では実録『難波戦記』である。史実とはみなしがたい。

徳川家康のブレーンである金地院崇伝が細川忠興《ただおき》に送った書状には「大坂城中には有楽（織田有楽斎）・大野修理（治長）・津田左門《つださもん》（織田頼長《よりなが》、有楽斎の子）、かようの衆取持にて、牢人衆引き籠もり、籠城の用意と相聞え候」（『本光国師《ほんこうこくし》日記』慶長十九年十月十九日条）とある。大坂方は最初から籠城の準備を進めている、というのが徳川家の認識だった。

真田信繁が九度山を出たのは十月九日であり（「蓮華《れんげ》定院《じょういん》覚書」など）、大坂入城は十日頃と考えられる。徳川家康は十月六日には本多忠政ら近畿の大名に出陣を命じており、忠政らは十六日頃には伏見に着陣している（「譜牒餘録」など）。

慶長五年（一六〇〇）七月、挙兵した石田三成ら西軍数万は、徳川家康の家臣である鳥《と》居《い》元忠《もとただ》ら二〇〇〇人が籠もる伏見城を攻撃したが、十日以上かけてようやく攻略している。大坂冬の陣当時、伏見には家康が置いた城代（松平定勝《さだかつ》）がおり、本多忠政らの着陣前に真田信繁らが伏見城を落とすだけでも至難の業だろう。宇治・勢多進出案は時間的余裕を考えると現実的ではなく、豊臣家としては大坂城の防備強化に専念するしかなかったというのが実情ではないだろうか。

右の挿話は、真田幸村を軍師と位置づけるために生み出されたものと思われる。現実の真田信繁は現場指揮官の一人にすぎなかった。幸村を軍師にするには、大坂方の戦略・作戦を立案する場面を作る必要があったのである。

偽りの和睦だったのか

徳富蘇峰が「和睦のための和睦でなく、戦争のための和睦」と評したように、徳川家康が大坂冬の陣で講和したのは大坂城を裸城にして攻めやすくするのが目的だった、と古くから考えられてきた。しかし、和睦交渉を細かく見ていくと、必ずしも謀略とは言えない。

慶長十九年十二月八日、大坂方の織田有楽斎・大野治長が徳川家康に対し書状を送り、大坂城の牢人に寛大な処置を願うと共に、秀頼の国替えについて、どの国を想定しているのか内意を尋ねた（『駿府記』）。ここから、家康が和睦交渉において、当初、牢人の処罰・秀頼の国替えを条件として提示していたことが分かる。

家康は有楽斎らの問い合わせに対し、牢人を処罰しないことを約束すると共に、秀頼を大和国へ転封させるつもりだと伝えたという（『大坂御陣覚書』）。その後、家康は豊臣方に和睦条件として、淀殿を江戸に人質として差し出すか大坂城の堀埋め立てを要求した（『大坂冬陣記』）。これに対して大坂方は、淀殿を江戸に人質として差し出すが、牢人衆に恩賞を与えるために知行を加増して欲しいと要求した。家康が反発したのは前述の通りである（本書166P）。

以上の経緯から分かるように、家康は甘言によって大坂方を騙すようなことはしていない。家康は徳川家の面子が保てる形の和睦を望んでいた。後で反故にするつもりなら大幅に譲歩して妥結すれば良いのにそうしなかったのは、和睦が成立した時には遵守する意思を持っていたからだろう。

二十日に家康が秀頼に与えた誓詞では、牢人の罪は問わない、秀頼の身の安全と知行を保証する、淀殿を人質として江戸に差し出す必要はない、大坂城を秀頼が明け渡すならば望み次第の国を与える、といった条項が定められている（『大坂冬陣記』）。一方、秀頼も二十二日に家康に誓詞を提出し、今後は家康・秀忠に謀反の心を持たないこと、噂に惑わされず不審なことがあれば家康に直接問い合わせることを誓っている（『大坂冬陣記』）。

　右の誓詞の内容だけを見ると、豊臣家にかなり有利な和睦と言えるが、土佐藩山内家に残る覚書では、大坂城惣堀を埋めること、牢人を召し放つことも秀頼側が約束したという。徳川家から見れば、豊臣家の今回の挙兵は「謀反」に他ならず、豊臣家が何も失わずに現状維持ということになれば、天下を治める徳川家の威信に関わる。実際、『大坂御陣覚書』によれば、和平会談で家康側は「大御所様（家康）自ら出馬して、何も得ずに和睦しては、武門の名誉に傷がつく」と主張している。また、反乱の再発防止のためにも、大坂城の無力化と牢人衆の追放は必須だった。

　これらを踏まえると、和睦内容のうち、直ちに履行すべき事項は、徳川家による秀頼の地位確認と牢人の赦免、関東方・大坂方双方による大坂城の堀の埋め立てであったと言えよう。秀頼の転封や秀頼あるいは淀殿の江戸在住を家康が強制しなかったのは、豊臣家の面目への配慮であり、最終的には豊臣家に受け入れさせようと考えていたと推測される。

豊臣家の武力では、牢人衆の追放という条項を履行するのは困難である。となると、代わりに秀頼の転封、もしくは秀頼・淀殿いずれかの在江戸を受け入れるほかなくなる。この条件が実現すれば、豊臣家が家康に臣従したことが明確になる。片桐且元の三箇条の提案からもうかがえるように、大坂の陣は、豊臣家を臣従させるために家康が起こした戦争である。逆に言えば、豊臣家が臣下の礼をとりさえすれば、豊臣家を無理に滅ぼす必要は家康にはなかったのである。

大坂城内堀埋め立ての真実

徳川家康が豊臣家を欺き、大坂城内堀埋め立てを強行したという通説も、学界では否定されつつある。確かにこの逸話は、『大坂御陣覚書』『幸島若狭大坂物語《こうじまわかさおおさかものがたり》』『元寛日記《げんかんにっき》』『翁物語《おきなものがたり》』など多くの書物に記されている。けれども、これらはあくまでも後代に記された物語である。笠谷和比古氏が明らかにしたように、大坂城の堀埋め立て工事に関する同時代の一次史料には、右の話は見えないのである。

細川忠利《ただとし》・毛利輝元ら関東方として従軍した諸大名は国元宛ての書状で、和睦条件に二の丸・三の丸の破却が入っていると述べている。これに従えば、本丸のみを残して他は全て破却することを、大坂方も同意していたと見るべきだろう。

加えて、『本光国師日記』(金地院崇伝の日記)や『駿府記』を読む限り、大坂城の堀の埋め立て工事には約一ヶ月を要している。埋め立てが和議の内容に違反していたとしたら、大坂方がその間、手をこまねいていたはずがない。

内堀埋め立てに大坂方が同意するはずがない、と思う読者がいるかもしれない。しかしそれは、冬の陣で大坂方が優勢だったという先入観に基づく誤解である。

『大坂軍記』などで大坂方の奮戦が特筆されたため、冬の陣では大坂方が勝ったように思われがちだが、事実は異なる。確かに真田丸の戦いなどで大坂方は局地的な勝利を得ているが、攻城軍の中から寝返りが出なかった以上、戦略的には敗れたと言わざるを得ない。そもそも豊臣家は、豊臣恩顧の大名が味方してくれることに期待して挙兵したのに、誰一人馳せ参じなかったのである。

古来、籠城は外部から援軍が駆けつけてくれることを前提とした作戦であり、外に味方がいなければジリ貧になるだけである。『駿府記』によれば、大坂方は木製の銃を大量に使用するほど武器の不足に悩まされていた。また『当代記』には、十二月に入って城中の火薬が欠乏してきたことが記されている。武器・弾薬が底を突きつつある中、大坂方は和睦に応じるしかなかった。大砲に怯えた淀殿が和睦を支持したという話（本書166P）は後世の創作にすぎない。

それにしても、内堀埋め立ては大坂方にとって致命的であるように思える。苦境に立っていたとはいえ、なぜ大坂方は認めたのだろうか。一つには、和睦を結べば時間稼ぎになる、と判断したからと考えられる。老齢の徳川家康が亡くなれば戦局を打開できる、という希望的観測があったのだろう。いざとなれば、埋められた堀を掘り返せば良いとでも考えていたのかもしれない。

『大坂御陣覚書』は、二の丸・三の丸の破却は大坂方の担当と決まっていたのに、関東方が手伝うと言って破却してしまった、と記す。これはありそうな話である。大坂方は、二の丸・三の丸の破却工事を意図的に遅らせるつもりで、講和に同意したのだろう。ところが、その思惑を見抜いた関東方が破却してしまった。これは厳密には約束違反だが、大坂方にもやましいところがあるので、強く抗議できなかったのではないか。

平山優氏は、大坂城の内堀埋め立ては、打倒徳川は不可能と悟った豊臣家にとっても好都合だったのではないか、と推測している。大坂城の防御を支える堀が全てなくなれば、牢人衆も再戦しても勝ち目がないことに気づき、それを契機に城を退去するだろうという目算があったのではないか、というのだ。

しかし案に相違して、行き場のない牢人たちは内堀埋め立て後も城に居座ってしまった。笠谷氏は、内堀埋め立てに憤激する牢人たちの怒りの矛先をそらすため、内堀埋め立てに豊臣家が同意していた事実を隠し、徳川家による謀略と喧伝した可能性を指摘している。

真田信繁は徳川家康の首を取れたか？

大坂方の牢人衆は、年齢は高いものの実戦経験豊富であり、大坂の陣でも冷静に戦った。一方、関東方では大名当主や重臣層が関ヶ原合戦の時から世代交代しており、初陣もしくはそれに近い者が非常に多かった。真田丸の戦いで関東方が大損害を受けたのも、戦闘経験に乏しく血気盛んな若武者たちが手柄を焦り、楯や竹束の準備もせずに不用意に突撃して、真田隊の鉄砲の的になったからである（『大坂御陣覚書』など）。

加えて東軍は、兵力こそ十五万を超えるものの、諸大名の軍勢の寄せ集めであった。大名たちは武功を競ってしばしば抜け駆けし、また友軍が大坂方に寝返るのではないかと互いに疑心暗鬼になった。

大坂夏の陣の最後の決戦である天王寺口の戦いでも、東軍諸隊の足並みが乱れた結果、徳川家康は窮地に陥った。紀伊《きい》和歌山城主の浅野長晟《ながあきら》（豊臣恩顧の浅野幸長《よしなが》の弟）が、天王寺口の西側の今宮《いまみや》を経由して大坂城に向かうべく、越前北荘《きたのしょう》城主の松平忠直の西側に出ようとしたところ、浅野軍を見た東軍のあちこちから、浅野が寝返ったとの流言が飛び交った。これに越前隊をはじめ東軍諸隊が動揺し、陣形が崩れた。

真田信繁はこの機を見逃さず、家康本隊に向けて突撃を敢行した。家康の旗本衆は周章狼狽して逃げ惑い、家康の馬印まで倒れた。家康の馬印が倒れたのは、三方ヶ原の敗戦以来である。家康の側にいたのが旗本の小栗久次《おぐりひさつぐ》ただ一人だった瞬間すらあったと伝わる（『三河物語』）。『イエズス会日本年報』によれば、さしもの家康も一時は切腹しようと考えたという。

にもかかわらず、信繁が家康を討ち取れなかったのは何故だろうか。日本側の諸史料によると、大坂方の優勢を確信した信繁と大野治長は今こそ豊臣秀頼が出馬すべき時と話し合い、治長は秀頼の出馬を促すために大坂城に戻った。ところがその姿を見た大坂方の将兵は、治長が城に逃げ帰ったと勘違いして崩れ始めたという（『大坂御陣覚書』など）。

治長の大坂城帰還が合戦の明暗を分けたという記述は、『イエズス会日本年報』にも見える。治長は秀頼自らが戦場にいるかのように見せるために秀頼の旗印を掲げていたが、旗印を掲げたまま秀頼を呼びに戻ったため、大坂方の軍勢は秀頼・治長の敗走と誤解して戦意を喪失した。

歴史にｉｆはないと言うが、もし豊臣秀頼が合戦の最初から出馬していたら、大坂方は勢いづき、真田信繁が徳川家康の首を取っていたかもしれない。

徳川家康にとって大坂の陣は決して楽な合戦ではなく、一定のリスクを伴うものだった。家康にとってベストシナリオは、武力行使せずに豊臣家を屈服させることだったと考えられる。家康が是が非でも豊臣家を滅ぼそうとしていた、という先入観を取り払った上で、大坂の陣を再検討することが求められよう。

第七章　豊臣秀吉の天下統一過程

1　藤木久志氏の「惣無事令」論と藤木説批判

藤木久志氏の「豊臣平和令」概念の提起

よく知られているように、豊臣秀吉は全国を統一し、戦国乱世に終止符を打った。このことに大きな歴史的意義を与えたのが、中世史研究者の藤木《ふじき》久志《ひさし》氏である。

藤木氏によれば、豊臣政権の目標は「絶えざる流血(武器による殺し合い)の惨禍から中世百姓を解放し、中世では社会の諸集団に分有されていた『人を殺す権利』を権力のもとに独占することをめざす」「人々を中世的な自力の惨禍(自力救済の恐怖)から解放する」ことにあったという。そのために出した自力救済(暴力行使による紛争解決)否定の一連の法令を「豊臣平和令」と名付けた。

藤木氏が「豊臣平和令」概念を提唱する以前の学界では、天下統一の過程は、非常に強圧的なものとして理解されてきた。つまり、織田信長、豊臣秀吉、徳川家康という統一政権が民衆を弾圧していく、武力制圧していくというイメージであった。

そうした民衆蜂起の典型として位置付けられていたのが一向一揆である。武家権力が百姓たちの武装蜂起を弾圧していく。民衆の抵抗を、百姓の抵抗を弾圧していく。それによって天下統一が成し遂げられる。

天下統一後、百姓たちは刀狩りによって武装解除されて、武士たちの権力に抵抗する力を奪われてしまう。中世の百姓たちは自分たちの権利を守るために武器を持って戦えたのに、近世になると武器を没収されて、戦って抵抗することができなくなってしまう。

大ざっぱに言えば、中世は自由があって明るい時代だったけれども、江戸時代・近世は武士によって弾圧・抑圧・統制されて非常に暗い時代であるという理解が、藤木説以前の学界の通説であった。

藤木氏はこの見方を完全に逆転させた。戦国時代は恒常的に戦争が行われている殺し合いの時代である。これは百姓たちにとっても決してうれしいことではない。従来は中世・戦国時代は、百姓たちが武装して権力に抵抗して、自分の権利を守ることができた時代として肯定的に、プラスに捉えられていた。

けれども実際のところ、殺し合いが相次ぎ合戦が頻発し、多くの百姓たちが殺されていく時代は、決して百姓にとって歓迎できるものではなかった。豊臣政権はもう戦をなくそう、戦によって百姓が死ぬ世の中を終わらせよう、平和な世の中にしようという目標を掲げて豊臣平和令を出した。百姓たちの武装権・抵抗権を強圧的に無理やり奪ったわけではなくて、百姓たちが殺し合いに参加しなくてすむような世の中にしたのである、と藤木氏は主張したのである。

すなわち、自分で戦って殺して権利を勝ち取る自力救済をなくすという中世から近世への転換は、豊臣政権が強制的に進めたのではなく、民衆が同意を与えたからこそ可能であった、と藤木氏は説いた。豊臣平和令は豊臣政権が百姓、民衆たちに押しつけたものではなく、もう武器を持って戦うなんてこりごりだ、平和な世の中にしてほしいという民衆の願望をすくいとったものだ、というのである。

藤木氏によると、「豊臣平和令」は四つの法令から構成されているという。すなわち、①大名の平和＝惣無事令《そうぶじれい》、②村落の平和＝喧嘩停止令、③百姓の平和＝刀狩令、④海の平和＝海賊停止令、である。四つの中でも学界に最も大きな衝撃を与え、その後、活発な論争が行われたのは、惣無事令である。本章では、藤木氏の「惣無事令」論の概要と、その後の研究史について概観した上で私見を述べたい。

藤木「惣無事令」論の概要

藤木氏は、豊臣秀吉が大名間の戦争に対して停戦命令を出していることに注目した。たとえば天正十三年（一五八五）、秀吉は大友《おおとも》氏と抗争中の島津氏に対し、次のような趣旨の文書を送った。「勅命に基づいて書き送る。九州でいまだに戦乱が続いているのは良くないことである。国や郡の境目争いについては、双方の言い分を聴取して、追って決定する。まず敵も味方も戦いをやめよというのが叡慮《えいりよ》（天皇のお考え）である。もしこれに応じなければ、直ちに成敗するであろう」（現代語訳は東京大学二〇〇九年入試問題より引用）と。

なぜ戦乱が起こるか。豊臣政権は、大名たちが自力救済を行っているから戦乱が絶えないと考えていた。領土争いが起こった時に、その争いを武力によって解決しようとするから戦乱がなくならない。だから、それをやめさせなければならない。その解決のために豊臣政権は停戦令を出すという方針を示した。争いが起きた時に武力に訴えてはならない。豊臣政権が両者の言い分、右の事例では島津と大友が争っているので、島津と大友両方の言い分を聞いて、秀吉が裁定を下す。もし停戦命令や秀吉の裁定に応じない場合は攻撃する。

藤木氏は、大名が領土争いを自らの武力で解決すること（自力救済）を秀吉が禁止していることを指摘する。秀吉は天皇の代理人たる関白の立場から紛争当事者に停戦令を発し、双方が停戦を受諾すると、秀吉が裁定を行う。藤木氏は、こうした秀吉の動きに基づき、豊臣政権が領土紛争の平和的解決を目指していた、と説いた。

藤木氏は言う。「惣無事令というのは、豊臣政権が『国郡境目相論』としての戦国領主層の戦争を私戦として禁止し、所領紛争の解決つまり土地領有秩序の画定のための領土裁判権を独占しようとした、一種の平和令である」「軍事動員はあくまでも平和令実現をめざす強制執行の態勢であり、その後の戦争は平和侵害の制裁と平和の回復のために行なわれた」と。

大名と大名が戦う理由のほとんどは領地争いである。隣り合っている大名同士が領土をめぐって争っている。つまり「国郡境目相論」、国境紛争である。そこで豊臣政権は境界争いを武力で解決することを禁止した。国境紛争が起こった時に、それは豊臣政権の裁判で決めることにしたのである。

豊臣秀吉は結局九州に遠征して島津氏を攻撃したが、藤木氏に言わせれば、最初から島津を攻撃しようと思って行ったわけではない。島津が豊臣政権・秀吉の停戦命令に従わなかったので、やむを得ず実行したのである。もし、島津が秀吉の停戦命令に従っていれば、島津攻め、九州征伐は行われなかった、と藤木氏は考えたのである。

すなわち藤木説は、豊臣政権の好戦的性格を否定し、なるべく平和的な形で天下統一しようとしたと主張するものである。

藤木説への批判

藤木久志氏の一連の議論は『豊臣平和令と戦国社会』(東京大学出版会、一九八五年)にまとめられ、歴史学界で大きな反響を呼んだ。しかし一九九〇年代になると、藤木説、特に「惣無事令」論に対する批判も出てきた。

在野の歴史研究家である立花京子《たちばなきようこ》氏は「惣無事令」ではなく、「天下静謐令《せいひつ》」と呼ぶべきだと主張した。そして「天下静謐令」は平和を謳うものの全国制覇正当化の論理にすぎず「擬態的性格」を持つ、と説いた。

また歴史学者の藤田達生《ふじたたつお》氏は、「惣無事令」の本質は諸大名に豊臣政権への従属を求める「臣従令」であると論じた。大友・島津の紛争に対して劣勢の大友を支援して九州統一を目指す島津の勢力拡大を抑えようとしたことなどから、豊臣政権は公平中立な裁定者ではなく、紛争の一方当事者に肩入れしている、と指摘した。加えて、「惣無事令」が目標として掲げる平和の実現は大義名分にすぎず、実際には軍事制圧に基づく強制執行である、と主張した。つまり豊臣政権は独善的・好戦的だというのである。

立花・藤田両氏の批判は、「惣無事令」の平和志向はタテマエにすぎず、豊臣政権が戦争を極力回避しようとしていたという認識を否定するものである。古今東西、侵略国は、戦争は望んでないけれども、平和のためにやむなく戦争を行う、と弁明する。戦時中の日本にしても大東亜共栄圏を提唱したし、現在のロシアも、ウクライナの「ナチ化」を防ぐ、平和のための戦争と称してウクライナを侵略している。豊臣平和令も、所詮はタテマエだから、平和令として高く評価するのはおかしい、というのが両氏の批判である。

両氏は「惣無事令」のいわば欺瞞《ぎまん》性を指弾している。ただし両氏は、豊臣政権が「惣無事令」という形で広域的・長期的な効力を持つ法令を出しているという事実は認めており、この点では藤木氏と認識を共有している。

これに対し、二〇〇〇年代以降の藤木説批判は、「惣無事令」という法令の存在そのものを否定する。中世史研究者の竹井《たけい》英文《ひでふみ》氏は「惣無事」は法令ではなく政策であると主張した。そして秀吉の政策に好戦的、あるいは平和的といった一貫性はなく、情勢に応じてめまぐるしく変遷したと説いている。

近世史研究者の藤井《ふじい》譲治《じょうじ》氏は、「惣無事」はあれど「惣無事令」はなし、と述べている。

秀吉の大名たちへの「惣無事」要請は、特定の状況に対応する形でその都度提起される個別的・時事的なものにすぎず、広く公布され持続的に地域の大名を拘束する法令ではない、というのである。

2 「惣無事」とは何か

「惣無事」関係史料の年次比定

「惣無事」は法令か政策か。この問題を考える上で注目されているのが左の史料である。

◆徳川家康書状写（「武州《ぶしゅう》文書」）

関東惣無事の儀について、羽柴《はしば》方より此《か》くの如《ごと》く申し来たり候。其の趣、先書申し入れ候間、ただいま朝比奈弥太郎《あさひなやたろう》に持たせ、御披見のためこれを進らせ候。よくよく御勘弁を遂げられ、御報示し預かるべく候。此の通、氏直《うじなお》へも申し達すべく候ところ、御在陣の儀候条、其の儀あたわず候。様子御陣へ付け届けられ、しかるべく候様専要に候。委細弥太郎口上申し含め候。恐々謹言。

十一月十五日　　　家康（花押）

北条左《さ》京《きょうの》大夫《だいぶ》（（氏政））殿

右の文書を解釈してみよう。関東の「惣無事」について、羽柴秀吉の方から書状が来た。秀吉の提案について、概要を以前に徳川が北条に送った書状で伝えたので、今回の家康宛秀吉書状も家康家臣の朝比奈弥太郎に持たせる。すなわち、秀吉から家康に書状を送って、家康からその書状を北条に送るという形で秀吉の提案を北条に伝えるということである。

その次の「御勘弁」という言葉は現代の勘弁してくださいという意味ではなく、この時代は検討という意味である。秀吉の提案についてよくよくご検討いただいて、御報すなわちご返事をいただきたいと思います、と家康は北条氏政に頼んでいる。

そして、秀吉からの「惣無事」の提案については、氏政の息子の氏直にも伝えようと思っていたが、「御在陣之儀候条」、氏直が戦場に出陣していて連絡がつかなかった。氏直が留守不在で、徳川から氏直には連絡がつかなかったので、氏政の方から氏直の陣に連絡してほしいと家康は頼んでいる。詳細は使者である朝比奈弥太郎が口頭で伝えるという。

さて、この時代の書状には基本的に年紀は書かない。書状はすぐ届き、相手に届いた時点で役割を終える。当事者たちにとっては、年は自明である。たとえば天正十四年に届けば天正十四年十一月十五日に書かれた書状であることは自明なので、わざわざ年は書かない。しかし後世の歴史家は頭を悩ませることになる。

藤木久志氏はこの文書を天正十四年に年次比定した。その根拠としては、家康が書状で秀吉のことを「羽柴」と呼んでいることを挙げている。周知のように、羽柴秀吉は朝廷から「豊臣」という姓を賜って豊臣秀吉になる。豊臣秀吉になってからは「豊臣」と名乗っているので、ここで家康が「羽柴」と言っていることから、秀吉が豊臣の姓をもらう前の書状であると考えられる。秀吉が豊臣の姓をもらうのが天正十四年十二月なので、その前の天正十四年十一月と藤木氏は推定したのである。藤木氏は、関東惣無事令は天正十四年から十六年にかけて出されており、右の書状はその最初の例であると主張した。

ところが天正十四年説に対して、中世史研究者の戸谷穂高《とやほだか》氏が批判を加えた。天正十四年の十一月時点では、もう徳川家康は秀吉に服属、臣従している。つまり家康は秀吉の家臣になっているので、主君にあたる秀吉を「羽柴」とは呼ばないだろう、というのである。実は天正十四年の他の書状では、家康は秀吉のことを「関白様」と呼んで敬意を払っている。このため、右文書で「羽柴」と呼んでいる以上、家康が秀吉に服属する前の時期の書状と考えるべき、ということになる。

では、いつか。北条氏直が出陣しているという情報に戸谷氏は目をつけた。戸谷氏は、天正十一年の十一月には氏直が上野《こうずけ》（現在の群馬県）に出陣しているので、天正十一年の文書であると比定した。

これに対して本多隆成氏が戸谷説を批判して、天正十四年説を再評価した。徳川家康と北条氏政は縁戚関係であるから、身内の気安さで秀吉のことを「羽柴」と言っていたとしても不自然ではない、と主張した。また、北条氏直は天正十四年の十一月にも出陣していて小田原（北条氏の本拠）にはいないので、天正十四年説も成り立ち得ると論じた。

ところが、さらに竹井英文氏が、天正十四年説を批判して天正十一年説を支持した。その根拠は同書状の宛名である。天正十二年に北条氏直が北条の家督を継承して「左京大夫」と名乗っていることに注目したのである。それまで「左京大夫」を名乗っていた氏政は隠居して「相模守《さがみのかみ》」と名乗るようになった。

ゆえに、同文書が仮に天正十四年の書状だとすると、宛先の「北条左京大夫殿」は、既に相模守となった氏政ではなくて、家督継承した氏直ということになってしまう。だが、宛先の「北条左京大夫殿」が氏直では、書状の意味が通らない。先述の通り、書状の後半で、氏直に連絡してくれと家康は「北条左京大夫殿」に頼んでいる。氏直に書状を出して氏直にも伝えてくれ、というのでは意味が通らない。やはり同書状は氏政宛の手紙で、氏直にも伝えてくれと氏政に頼んだ書状でなければならない。したがって同書状は、氏直の家督継承前に出されたものということになるので、天正十一年である、と竹井氏は説いた。

これによって同文書は天正十一年のものであると確定した。

「惣無事」は豊臣政権の法令ではない

同文書が天正十四年ではなくて天正十一年だと何が問題なのか。天正十一年だろうと天正十四年だろうと、どちらでも大して変わらないと思うかもしれないが、実は、この三年の差は非常に大きい。

なぜなら、羽柴秀吉が関白になったのが天正十三年の七月だからである。藤木説によれば同文書は天正十四年に出されているので、関白として秀吉が「惣無事」命令を出したことになる。ところが天正十一年の書状だということになると、秀吉はまだ関白になっていない。関白になっていないどころか天正十一年十一月時点の秀吉は、まだ織田家筆頭家老にすぎない。同年四月に賤ヶ岳《しずがたけ》の戦いで柴田勝家《しばたかついえ》を滅ぼしているが、まだ秀吉は織田信雄《のぶかつ》（信長の次男、織田家の家督）の家臣にすぎない。

当然、織田家筆頭家老にすぎない秀吉が、他の大名に対して命令することはできない。「惣無事」をお願いすることはできても、命令は不可能である。つまり、「惣無事」は豊臣政権の法令ではない。なぜなら豊臣政権はまだ成立していないからである。戸谷氏・竹井氏の研究によって、史料に「惣無事」と書いてあったとしても、直ちに豊臣政権の法令と見ることはできなくなったのだ。

中世史研究者の市村高男《いちむらたかお》氏も、同書状に見える「関東惣無事」は、北条氏と反北条の東国諸領主（反北条連合）との和睦を意味していて、羽柴秀吉や徳川家康ができることは両者の和睦の斡旋、仲介に留まり、北条氏に対して停戦を強制することはできない、強制力はないと指摘している。

「惣無事」の語義確定

このように検討していくと、そもそも「惣無事」という言葉は何を意味するのか、という問題が浮上する。実は、惣無事という言葉は関東・奥羽《おうう》（東北）のみで見られる。藤木氏は、前節で見た島津と大友に対する停戦命令を「惣無事令」と捉えているが、九州地方に対する豊臣秀吉の停戦命令に「惣無事」という言葉は一度も使われていない。

となると、島津、大友に対する停戦命令を「惣無事令」と呼んでいいのかどうかという問題が生じる。「惣無事」という言葉が関東・東北にしか登場せず、九州では使われていない以上、「関東惣無事」と九州停戦令を「惣無事」として一括するのではなく、別物として把握すべきではないか、という疑問が出てくる。

さらに、「惣無事」という言葉は、秀吉が初めて作った新しい言葉ではない。以前から関東・奥羽では用いられていた用語なのである。戸谷氏の研究によれば、「惣無事」の史料上の初見は天正五年（一五七七）である。この時期はまだ武田勝頼が滅んでおらず、織田信長の覇権が確立していたとは言えない。そんな時期から「惣無事」という言葉が見えることは注意を要する。

戸谷氏は「惣無事」文言のある史料を網羅的に蒐集《しゅうしゅう》、分析した結果、「惣無事」は停戦命令と捉えることは難しい、と論じた。一例として天正十二年三月十二日本多《ほんだ》正信《まさのぶ》宛皆川《みながわ》広照《ひろてる》書状を見てみよう。本多正信は徳川家康の側近として著名な人物である。皆川広照は、下野《しもつけ》（現在の栃木県）の武士である。

右書状には「関東惣無事、今に落居せざるに候。引き詰めらる様に頼み存じ候。殊に由信・長新進退の儀、家康御威光を以て一度召し返さる儀、両地へ各拙者油断なく詫言申し候」とある。関東の「惣無事」はいまだに実現していないが、引き続きうまくいくように協力してほしい、と皆川広照は徳川家に頼んでいる。

では同書状での「関東惣無事」とは具体的に何を意味するのか。「由信《ゆしん》・長新《ちょうしん》進退の儀、家康御威光を以て一度召し返さる儀」だという。由信とは由良信濃守《ゆらしなののかみ》、由良国繁《くにしげ》のこと。長新は長尾新五郎《ながおしんごろう》、長尾顕長《あきなが》。

この由良国繁・長尾顕長は北条氏と敵対関係にあって、北条氏の本拠である小田原城に軟禁されていた。由良と長尾の家臣はこれに怒り、由良の城である金山《かなやま》城（現在の群馬県太田《おおた》市）、それから長尾の城である館林《たてばやし》城（現在の群馬県館林市）に籠城して徹底抗戦の構えを見せていた。この緊迫した情勢を何とかしたいと皆川は考え、家康に協力を要請しているのだ。

皆川は「家康の御威光を以て召し返さる」、家康が由良と長尾をそれぞれの居城に戻すという方向で、北条氏と交渉してほしい、と徳川家に頼んでいる。よって、ここでいう「関東惣無事」とは、北条と由良・長尾との間の対立状況、戦争状態を解消する和睦のことを指している。

要するに、もとに戻してあげるということを一番重視している。由良が自分の居城の金山城に戻れるように、長尾が自分の居城である館林城に戻れるように、紛争が起こる前の状況に戻すということである。そのために周辺の領主たちが皆で協力し合って戦争状態を解消するという和睦を行うことが「惣無事」と表現されているのである。

戸谷氏の言葉を借りると、惣無事とは「当知行によらず旧状回復を是とする秩序維持の手法を、周辺諸領主が一堂に会して承認し合う、東国領主間における和睦の一形態」である。有力な大名が一方的に命令するのではなく、皆で話し合いで解決する。その意味で「惣無事」は、やはり「惣無事令」といった〝命令〟ではない。

その典型的な解決方法としては「境目領主の温存をはかって、多くの周辺領主によってそれが承認・維持される」というものであった。「境目領主」とは、由良・長尾のような、両勢力（この場合は北条氏・反北条勢力）の対立の境界領域、いわば最前線に位置する領主のことである。北条氏についたり離れたりする由良・長尾のような勢力を温存することで、領域確定を先送りするのである。

惣無事と対照的な紛争解決手法が「国分《くにわけ》」である。羽柴・毛利間や徳川・北条間で行われたような大大名同士の国分は強制的なもので、境目領主の利害を無視する。すなわち国郡を境目として機械的に領域を確定するのである。

羽柴はここまで、毛利はここまでとか、徳川はここまで、北条はここまで、といったような境目を決める。その際、「境目」、境界領域には必ず領主が存在する。これが「境目領主」である。どちらの大名にも良い顔をするような、たとえばあるときは徳川につき、あるときは北条につくといった、どっちつかずの境目領主、両属的な領主たちが、境界領域には存在する。こういう領主たちを無理やり別の土地に移動させてしまうという形で土地領有秩序を大幅に改変する措置が国分である。

惣無事の場合、そういう強制的な秩序改変は行わない。何となく中をとって、みんながまあまあ納得できる、丸く収まるところを模索するということになる。旧来の秩序が維持されるのである。当然、一時的な停戦にしかつながらず、紛争の再燃も懸念される。根本的な問題解決にはならないが、当面の危機を回避できれば良いという微温的な措置が「惣無事」なのである。

九州停戦令との違い

惣無事の不徹底性については他の史料からも分かる。左の文書を見てみよう。

◆豊臣秀吉直書写（「秋田藩家蔵文書」）

石田治部少輔《いしだじぶのしょう》に対する書状、披見を遂げ候。関東・奥両国まで惣無事の儀、今度家康に仰せ付けらるる条、異儀あるべからず候。若《も》し違背の族に於いては、成敗せしむべく候。猶治部少輔申すべく候なり。

十二月三日　（花押）

多賀谷修理進《たがやしゅりのしん》（（重経《しげつね》））とのへ

右の文書の年次比定については天正十四年説と天正十五年説があるが、本稿ではその問題に立ち入らない。同文書は、豊臣秀吉が多賀谷重経という常陸《ひたち》（現在の茨城県）の武士に出したものだが、それによれば、多賀谷から石田三成《みつなり》への書状を秀吉が見たという。関東・奥羽（現在の東北地方）まで「惣無事」にするようにと今回家康に命じた。ちなみに、この時点ではもう家康は秀吉に臣従している。今回家康に命じたので、あなた（多賀谷）

もそれに従うようにと秀吉は命じている。もし、これに反する者がいたら、成敗する、討伐すると、同書状には書いてある。「猶治部少輔申すべく候なり」とあるので、石田三成からも多賀谷に対して詳細を記した副状《そえじょう》を送ることが分かる。

同書状で関東・奥羽を「惣無事」にすると書いてあるが、九州停戦令と比べると、内容が非常に抽象的である。九州停戦令の場合、国や郡の境を具体的に決めている。たとえば島津と大友との争いの場合、どこまでが島津領でどこまでが大友領かという領域を画定している。ところが、関東・奥羽に対する「惣無事」では、そういう具体的な話が全然出てこない。領土争いを調停した上で領域を画定させて、それを豊臣政権が決定する、といったことが記された史料は確認されていない。ともかく戦をやめて仲よくしなさいということしか秀吉は言っていないのである。

関東・奥羽に対する豊臣政権の態度は、藤木氏が言うような「豊臣政権による領土高権の掌握をふくむ紛争解決のための最終的裁判権の独占」といった大層なものとは程遠い。そういう大局的な方針は存在しない。前掲の書状からも分かるように、平和にするとしか言っておらず、具体的なプランは何もない。

戸谷氏が指摘するように、秀吉は関東・奥羽の現状を改変することを少しも考えていない。関東・東北に関しては今の秩序を基本的には維持する、ともかく戦争をやめて平和にしよう、という以上の考えはない。

これに対して、九州停戦令は非常に強硬である。豊臣政権が新たに線引きをする。国境線を新たに引くということを考えている。当然今ある秩序を大きく変えることになる。関白の地位も持ち出して、高圧的な態度で臨んでいる。実は関東・奥羽に対しては、自分は関白であるといったことも言っていない。

豊臣政権の紛争解決方法は、実は西日本と東日本で大きく異なる。地域差があるのだ。西日本に対しては、秀吉は非常に細かく具体的に指示を出している。けれども東日本に対しては、ともかく戦争をやめようとしか言っておらず、具体的な指示が全くない。

なぜこのような差が生じたのか。これは、秀吉の武将としてのキャリアが専ら西国で培われてきたことに起因する。周知のように、織田家臣としての秀吉は長く毛利氏と戦ってきたので、西日本の情勢に関しては詳しいが、東日本に関しては、軍事的・外交的経験がないのでよく分からない。いわば〝土地勘〟がない。よく分からないので、ともかく戦をやめようという漠然とした方針しか示せない。

このような地域差がある以上、全国一律の基準で裁定するための法令としての「惣無事令」は発令されていない、と戸谷氏は藤木説を批判したのである。

3 「関東惣無事」の実態

秀吉と家康の関係

では「関東惣無事」とは何だったのか。これに関連して、豊臣秀吉の対東国政策の変遷について竹井英文氏が的確に整理しているので、左に紹介したい。

前節で触れたように、秀吉の「関東惣無事」は天正十四年ではなくて、天正十一年から始まっている。天正十一年段階では秀吉は織田家筆頭家老の状況である。早くもその段階から秀吉は関東での紛争調停に関わっていた。

しかしながら、もちろん秀吉は織田家筆頭家老でしかないから、関東の武士たちに命令することはできない。しかも関東を「惣無事」、平和にすると言っても、秀吉は関東の状況をそもそも把握していない。そこで秀吉は徳川家康を仲介者として関東に関わったのである。

家康は織田信長の同盟者であったが、信長の晩年には信長に事実上臣従していた。信長死後、織田家で家督争いが起こるが、秀吉も家康も信長次男の織田信雄を支持した。織田信雄の下に秀吉と家康がいるという状況なので、天正十一年段階では秀吉と家康は友好関係にあった。そのため、秀吉は家康を通じて関東の紛争を終わらせようとしたのである。

なぜなら、家康は信長存命時から関東の武士たちと交流しており、関東の政治情勢に詳しかったからだ。秀吉には人脈、情報がないので、家康に頼んで家康を通じて関東の武士たちと交渉して関東を平和にしようとした。

しかしながら、秀吉のこの方針は頓挫する。よく知られているように、秀吉と家康が対立してしまうからである。秀吉と織田信雄が対立して、家康が信雄を支持した結果、いわゆる小牧《こまき》・長久手《ながくて》の戦いが起こる。これにより秀吉と家康が敵対関係に入ったため、家康を通じて関東の武士たちに働きかけるという秀吉の外交戦略は挫折してしまう。

その後、天正十三年末から天正十四年初めにかけて、秀吉は家康との武力衝突を検討する。当時徳川と北条は同盟関係なので、北条・徳川連合への総攻撃を計画したのである。ところが天正十四年の二月初めに、秀吉と家康が和解して、家康が秀吉に臣従する。これによって秀吉の関東出兵計画が急遽中止になった。秀吉と家康の関係改善によって、秀吉は家康を介して、家康の影響力を利用して関東に働きかけを行う、という方針に復帰する。

以上の経緯を見て分かるように、秀吉の関東に対する政策は時期によって大きく変遷している。すなわち外交的に、平和的に関東の武士たちに働きかける時もあれば、関東に秀吉が出陣しよう、兵を送って戦争を起こそうと考えていた時もあった。戦争をやろうと思っていた時期も、外交的・平和的に解決しようと思っていた時期もあり、一貫性は全くない。特に、家康との関係に左右された。つまり家康との関係が良好な時期には家康を利用して外交的・平和的に関東に働きかけを行おうとしたが、家康と敵対していた時期には家康と北条氏を軍事的に制圧することを検討した。秀吉の方針には大きなブレがあったのである。

竹井氏の戸谷説批判

ところで竹井氏は藤木説だけでなく、戸谷氏の説をも批判している。具体的には、戸谷氏が「豊臣政権が使用している『惣無事』という言葉と、東国で使用されている和睦を意味する『惣無事』という言葉をイコールで結び付けている点」を竹井氏は批判している。すなわち、戸谷氏はイコールだと考えているが、豊臣政権は別の意味で使っているのではないかと竹井氏は指摘した。前述の通り、「惣無事」という言葉は豊臣政権が使う前から東国武士たちの間で使われていたが、それが豊臣政権の言う「惣無事」に直接結びつくわけではない、というのである。

では豊臣政権の「惣無事」の直接的な淵源は何か。この点に関して竹井氏が注目したのが、天正十年十月二十八日水谷勝俊《みずのやかつとし》宛徳川家康書状である。水谷勝俊は下総結城《ゆうき》氏の家老、重臣である。その水谷氏に宛てた家康の書状には「其《そ》れについて、信長御在世の時の如く候、各《おのおの》惣無事、尤《もつと》もに候由、氏直へ申す理候間、晴朝《はるとも》へ御諫言第一に候」と書かれている。

右の史料の「惣無事」の意味を考えるには、同書状が出された背景を理解する必要がある。もともと徳川家康は結城氏・水谷氏と提携して北条氏と敵対していた。いわゆる天正壬午《じんご》の乱である。ところが徳川氏は北条氏と急遽和睦することになった。この家康の方針転換は、結城・水谷両氏から見ると梯子を外された形である。徳川氏と手を結んで北条氏と戦っていたのに、徳川が北条と単独和睦してしまい、結城・水谷は見捨てられてしまった。当然、結城・水谷は家康に怒って抗議した。俺たちを裏切るのか、見捨てるのかと。

右の書状は家康が、「いや、そうではない」と結城・水谷に説明した弁明状である。「おのおの惣無事」にする、すなわち、北条氏直とあなたがたとの間をとりもつと弁解している。

私（家康）が氏直に働きかけて和睦が実現するようにするから、あなたたちを見捨てるわけではない、と徳川・北条同盟に対して理解を求めている。主君である結城晴朝が軽率に軍事行動を起こさないように、あなた（水谷）の方でも主君に諫言してください、軽率に軍事行動を起こさないように忠告してくださいと、家康は水谷に説得を試みている。

同書状で竹井氏が注目したのが「信長御在世の時」という表現である。ここから竹井氏は、「秀吉の『関東惣無事』政策とは、織田政権による東国支配の継続という意向から登場した、対東国固有の政策」と論じた。つまり、秀吉の関東惣無事は、織田政権の方針を踏襲したものであり、ゆえに九州停戦令とは異質であると説いたのである。

竹井説への疑問

しかし、筆者は竹井説に疑問を持っている。竹井氏が豊臣秀吉の関東惣無事の方針を示すものとして掲げた史料は徳川家康の書状である。「信長在世のときのように惣無事を行う」という表現は家康の発言であり、秀吉の発言ではない。秀吉自身が信長による東国支配を「惣無事」と表現した事例は存在しない。

秀吉が信長の後継者としての立場から、つまり織田政権の東国支配権を継承したという認識に基づいて関東惣無事を主張したことを直接的に示す史料は存在しないのである。その意味で竹井説は根拠が弱いと筆者は考える。

もう一つ注意したいのは、同書状は「惣無事」ではなく「各惣無事」と記している。「おのおの惣無事」とは、各々の領主による個別的な停戦のことを意味していると考えられる。

南関東には北条氏という非常に強力な大名が存在する。それに対して北関東には単独では北条氏には対抗できない中小規模の武士たち、いわゆる国衆《くにしゅう》が多数存在する。多数の国衆が連携し、さらに大名の家康とも結んで北条氏に対抗していたが、家康が対北条氏連合から離脱してしまい困惑しているという状況である。

したがって「各惣無事」とは、たとえばAさんが北条と戦う、Bさんが北条と戦う、Cさんが北条と戦う、Dさんが北条と戦う、Eさんが北条と戦うという紛争状況を停止することを意味すると思われる。Aさんと北条が仲直り、Bさんと北条が仲直り、Cさんと北条が仲直り、Dさんが北条と仲直り、Eさんが北条と仲直りという形を「各惣無事」と表現しているのである。あくまで個別的な停戦の集積なので、東国全体を覆うような広域的な平和を意味しない。東国全体を平和にするというような大層な意味ではなく、北条と敵対してきた各々の領主が北条と個別的に停戦することを意味するにすぎないのだ。

そもそも同書状の「各惣無事」のくだりは、単なるレトリックであり、深い意味はないのではないか。家康は、結城・水谷に俺らを裏切る気かと、俺らを見捨てるつもりかと責められている。そこで家康は結城・水谷をなだめるために信長の話を出してきたと思われる。あなた方と私は「信長御在世」、信長存命中からの長い付き合いではないですか、その長い付き合いのあなた方を裏切るわけがないでしょう、と弁解している。あくまで説得のためのレトリックと考えられる。

レトリックとしての「惣無事」

もう一つ、竹井氏が論拠として挙げているのが、天正十一年十月二十五日徳川家康宛羽柴秀吉書状である。そこには「関東は無事の儀仰せ調えられ候由、仰せ越され候。去りながら今に御遅延に候。如何様《いかよう》の儀にて御座候や。最前上様御在世の御時、いずれも疎略なき方々に候間、早速御無事も仰せ調えられ尤もに候」と書いてある。

すなわち私の力で関東の戦を終わらせます、停戦状態にします、お任せくださいと家康は秀吉に伝えていた。にもかかわらず、いまだに関東で戦が続いている。そのため「どうなってるのか」と秀吉が家康を責めている。

そして、北条氏と戦ってきた関東の国衆たちは上様、信長様がご存命の頃から織田家と縁が深かった人たちである、と秀吉は説明している。この天正十一年時点では、徳川家康も羽柴秀吉も事実上、織田家傘下の大名（「織田大名」）という位置づけだった。そこで、織田家と前々から付き合いがある縁浅からぬ人たちを見捨てるわけにはいかない、だから早く関東を平和にしてくださいと秀吉は家康に対して催促しているのである。

右の書状に着目した竹井氏は、前掲家康書状（本書193P）の前提となる書状であると述べた。「関東者無事之儀」＝「関東惣無事之儀」を目指すという政治方針を秀吉が家康に伝えた書状であるという解釈である。秀吉は「信長在世時に形成された『惣無事』たる秩序」を前提としていた、と竹井氏は論じている。

これも読み込みすぎではないか。「関東者無事之儀」「上様御在世」という文言が出てくるが、信長時代の東国支配、東国の秩序を復活させるとは解釈できないだろう。

同書状を素直に読んでみよう。信長と反北条の東国諸領主が友好関係にあった。有り体に言えば、彼らは信長に臣従していた。信長が武田勝頼を滅ぼし、織田家が甲斐・信濃を制圧し、さらには上野まで進出してくるという状況になると、北条と敵対していた北関東の国衆たちは、北条の攻勢から身を守るために織田に従属していく。

前々から織田家に仕えてきた武士たちを見捨てて、むざむざ北条に滅ぼさせるわけにはいかないので、早く北条と反北条の国衆たちとの和睦を家康が仲介するべき、斡旋すべきであるということを言っているに留まる。

信長のことに言及しているのは、家康を動かすための方便であろう。秀吉はこの時点ではまだ織田家筆頭家老、織田信雄の家臣にすぎない。だから、秀吉が家康に命令することはできない。よって、秀吉が家康を動かすには信長の名前を持ちだす必要があった。必ずしも信長時代の体制を復活させることを意図していたわけではないのである。

織田信長の対東国政策

竹井氏は、豊臣秀吉は「信長在世中の東国の秩序」の復活を目指したと主張したが、そもそも「信長在世中の東国の秩序」とはどのようなものか。竹井氏によれば、信長は重臣の滝川一益《たきがわかずます》を東国方面の司令官としたうえで「東国を軍事的に制圧する方向は取らず、『天下』論理のもとで東国諸領主を編成する方向を取った。その内実は、戦国期を通じて東国に形成された独自の秩序を前提としつつ、北条氏と反北条東国諸領主との対立という東国の状況に対して、一益（および家康）を中心に反北条東国諸領主側を積極的に編成し、彼らの意向を優先的にくみ上げ、明らかに北条氏の進出を阻止するものであった」という。

分かりやすく説明しよう。戦国時代後期の関東の政治情勢は、突き詰めれば北条氏とその他大勢との抗争である。特に武田氏が滅亡してからは完全に、北関東の反北条連合対南関東の北条という対立構図が定着する。

武田氏を滅ぼし東国に関わるようになった織田信長はどのような方針を採ったのか。信長は毛利氏や上杉氏と戦っているので、関東に自ら出陣する、関東に軍事攻撃を仕掛けるといったことは、この時点では考えていない。

したがって、基本的には反北条連合と北条氏との間を仲介して停戦させることが信長の基本構想である。けれども、信長にとっては、戦争が終わって関東が平和になり、北条も反北条連合も織田家に服属する、というだけでは不十分である。なぜなら、北条氏が強すぎるからである。北条が現在の勢力を維持しながら織田家に服属した場合、あまりに北条氏の発言権が強くなりすぎてしまい、織田政権は安定しない。

信長にしてみると、北条氏の勢力を抑え込む、削減する必要がある。よって、信長が北条と反北条連合との和睦を仲介するに際して、中立公平ではあり得ない。反北条連合の肩を持つ。信長は仲介者だが、どちらかと言えば反北条寄りなのである。

家康と反北条連合

徳川家康は「信長御在世の時の如く候、各惣無事」と言っているが、家康は織田信長の基本方針を必ずしも継承していない。

周知のように、信長が本能寺の変で横死した後、西上野・信濃・甲斐などの武田の旧領をめぐって北条と徳川が争奪戦を行う。前述のように、これを天正壬午の乱と呼ぶ（本書209P）。

結局、北条と徳川は停戦して和睦する。この時に「国分」、徳川と北条の国境を画定するのだが、徳川は北条の上野支配を承認する。徳川方として活動していた信濃の国衆である真田《さなだ》昌幸《まさゆき》は当時、上野の沼田《ぬまた》領を支配していたが、沼田領は北条に渡すということを徳川は約束してしまう。

天正壬午の乱において徳川は、真田と手を組んで北条と戦っていたにもかかわらず、徳川は北条と和睦するにあたって、真田の沼田領を北条が支配することを認める、と勝手に約束してしまう。これは明らかに真田に対する裏切りである。

以上を見ても分かるように、家康の「惣無事」は、「反北条東国諸領主側を積極的に編成し、彼らの意向を優先的にくみ上げ、明らかに北条氏の進出を阻止する」という「信長時代の政策」を継承していないことは明白である。既述の通り、信長は反北条寄りだった。織田大名であった家康も元来は反北条寄りだった。北関東の反北条連合と連携して北条と戦っていた。それが天正壬午の乱である。

しかし、徳川家康は北条と和睦するにあたって、この反北条連合の領主たちを見捨てた。見捨てて単独で和睦を結んだ。この裏切りに反北条の国衆たち、皆川や真田が怒った。そこで家康は、いやいや、あなたたちのことを決して見捨てたわけではない、信長様の頃からの仲じゃないか、長い付き合いのあなた方を裏切るわけがない、と説得しようとした。これは前述のようにレトリックである。説得のための、なだめるための論理なので、そこに深い意味はない。

秀吉と反北条連合

そもそもこの「関東惣無事」は誰にとって重要なのかを考える必要があるだろう。果たして反北条連合の領主たちは北条と停戦したかったのだろうか。家康や秀吉は、北条との和睦をとりもつ、斡旋するから安心しろとか言うのだけれども、彼らは別に一時的停戦を望んでいるわけではない。なぜなら、北条の方が圧倒的に強いので、一時的に停戦しても意味がないからである。

たとえば現在、ロシアがウクライナを侵略している。ウクライナはロシアと停戦することを望んでいるのかというと、必ずしもそうではない。ウクライナにとってベストのシナリオは、アメリカやNATOが参戦し、ロシアを徹底的に叩くことだろう。ロシアがクリミアを強制的に併合、ついでウクライナ東部に親露派支援の名目で軍事介入した際も、ロシアとウクライナは停戦したが（ミンスク合意）、その停戦合意は恒久的な平和にはつながらなかった。

したがって弱い側から見ると、一時的に停戦が成立しても、全然安心できない。一時的に停戦したところで、また戦争が勃発したら、今度こそ滅ぼされてしまうかもしれない。だから、別に停戦協定など結びたくない。彼らにとって一番望ましいのは、徳川家康とか豊臣秀吉といった大大名が北条を滅ぼしてくれることである。

ところが、この反北条連合の領主たちは、いつも裏切られる。手を結んでいた家康は、北条と手打ちをして反北条連合を見捨ててしまう。もう家康は頼りにならない。それでは、誰に期待するかと言うと、もちろん秀吉である。秀吉が北条を打倒してくれれば、自分たちは救われると考える。

ところが秀吉も、家康が臣従してきたので、北条と徳川をまとめて討伐するという東国出兵計画を中止してしまう。北条を軍事力で打倒するのには多大なコストが伴うので、戦わずに家康を介する形で北条を従わせようと考えを変える。反北条連合の領主たちからすると、家康に裏切られて、今度は秀吉に見放されたという気持ちになる。

しかしながら、秀吉にしてみれば、反北条連合が北条氏に飲み込まれることは望ましくない。それでは北条が強くなりすぎてしまう。なんとか秀吉側につなぎとめておきたい。

そこで、北条との決戦を回避しつつ東国の反北条連合をなだめてつなぎとめるレトリックとして、秀吉は「関東惣無事」という方針を示す。北条との和睦を仲介するから心配するな、俺についてこいという論法で説得を試みる。けれども、これは大義名分にすぎない。北条領に攻撃を仕掛けるという直接介入を断念したという意味では、豊臣政権の東国政策は明らかに後退している。

惣無事研究の今後

前述のように、豊臣秀吉の「関東惣無事」は、東国出兵、北条討伐という強硬策を採用できない時期に、豊臣政権の武力介入を望む反北条連合をなだめるためのレトリックにすぎない。ただし、秀吉が進出してくる以前から東国では「惣無事」という形で地域紛争の一時的解決がしばしば図られてきたので、今回も「惣無事」で解決するという秀吉の主張は、それなりに説得の論理として有効だったと考えられる。

その意味で、豊臣政権が使用している「惣無事」という言葉と、東国で使用されている和睦を意味する「惣無事」という言葉は、事実上同義と言えよう。竹井氏の批判にもかかわらず、戸谷氏の議論は重要なものである。

現在の「惣無事」研究の問題点としては、研究の意義が見失われている点が挙げられよう。「惣無事令」は豊臣政権の打ち出した画期的な法令であると藤木氏は説いた。これに対して、竹井氏や藤井氏はそれを否定した。法令ではない、豊臣政権に一貫した方針はない、と指摘した。

ところが、法令ではないとすると、「惣無事」を研究する意味は何なのかという問題が生じる。「惣無事令」は豊臣政権の打ち出した画期的な法令であると考えられていたからこそ、研究対象として重要だった。秀吉の天下統一過程や、豊臣政権の歴史的位置、歴史的性格を解明する重要な検討対象だった。しかし、そんな大したものではないということになってしまうと、そもそも「惣無事」を一生懸命研究しなくてもいいのではないか、という疑問が発生する。

つまり「豊臣政権には全国一律かつ終始一貫した軍事・外交方針すなわち惣無事令はなく、良く言えば臨機応変に、悪く言えば場当たり的に政策を行っていた」というのが竹井・藤井両氏の意見であるが、それはまあそうだろうな、としか言いようがない。厳しい言い方をすれば、当たり前の話を述べているだけである。個別実証の積み重ねにすぎず、豊臣政権論にはなっていない、藤木説に代わる豊臣政権論を打ち出せてない、という問題がある。

それでは「惣無事」研究を今後どういう方向で進めていくべきだろうか。豊臣政権の法令・政策として「惣無事」を見ていっても限界があるのではないか。したがって、もう少し下の次元、関東・東北という地域における領主たち、武士たちによる平和への取り組みとして「惣無事」を捉える方が、意味があると考える。

おわりに

本書では戦国時代の主要な合戦を再検討した。少なからぬ読者が今まで漠然と抱いていたイメージと異なる実像を知って驚いたのではないだろうか。

川中島合戦では武田信玄と上杉謙信の一騎打ちはなく、桶狭間合戦では織田信長の迂回奇襲はなかった。三方ヶ原合戦が武田信玄のおびき出し作戦によって勃発したという通説も疑わしい。長篠合戦では織田鉄砲隊の輪番射撃はなく、関ヶ原合戦の「問鉄砲」は虚構である。大坂の陣で、徳川家康が豊臣家を騙して内堀を埋めたという逸話も事実ではない。

そもそも戦国武将たちは、大軍と大軍が激突する会戦、一大決戦を必ずしも積極的に望んでいたわけではない。本書で述べたように、大名と大名が戦う理由のほとんどは領地争いで、隣り合っている大名同士が領土をめぐって争っている。つまり「国郡境目相論」、国境紛争である。

境界領域の取り合いが大名同士の戦争の本質なので、多くの戦国合戦は「境目の城」の争奪戦という形で展開する。桶狭間合戦にしても、織田軍が今川方の境目の城である鳴海城・大高城を攻略しようとし、今川義元が大軍を率いて救援に向かうという流れの中で発生した。織田信長の直属軍が今川義元の本陣を急襲するという大将同士の激突になったのは偶然であり、別の展開もあり得た。

長篠合戦の場合も、武田軍が徳川方の境目の城である長篠城を攻略しようとし、織田・徳川連合軍が救援に向かうという流れの中で発生した。もっとも、武田勝頼は後方にいる家臣の今福長閑斎に対し、織田・徳川連合軍を撃滅するという書状を送っており、織田信長もまた、後方にいる家臣の細川幽斎に対し、「勝頼を討つ好機である」と連絡している。これらに従えば、勝頼も信長も、長篠城争奪よりも敵本隊の撃滅を重視していたことになる。

だが現実には、武田勝頼が織田・徳川連合軍に対して本格的な攻勢をかけたのは、織田・徳川連合軍の別働隊（酒井忠次隊）が武田方の鳶ノ巣山砦などを攻略して長篠城を解放してからである。勇猛な勝頼といえども、鉄砲と柵で守られた織田軍の堅固な陣地に突撃することには慎重であり、戦術的に追い込まれたためにやむなく突撃したのだ。

織田信長の細川藤孝への書状も、後方の家臣を安心させるために、ことさらに勇ましい発言をした可能性も考えられ、割り引いて評価する必要があるかもしれない。仮に信長が勝頼を討つつもりだったとしても、勝頼が撤退してしまったら決戦は実現しない。そして、勝頼撤退によって長篠城の救援に成功すれば、信長は出兵目的を果たしたことになる。

桶狭間合戦・長篠合戦は、もともとは境目の城の争奪戦であり、結果的に大名同士の決戦になっただけである。戦国大名が決戦志向だったとはみなせない。負けた時のダメージを考えると、戦国大名はおいそれと決戦を挑めないのである。複数次にわたる川中島合戦でも、軍事衝突した局面は少なく、武田・上杉両軍がにらみ合っている時期が長い。攻城戦においても、攻城側が損害覚悟で城に肉薄することはほとんどなく、兵糧攻めが基本的な作戦だった。

戦国大名が自ら大軍を率いて境目の城の争奪戦に乗り出すのは、境目の城がどちらに属するかが大名の威信に直結するからである。武田勝頼が長篠城を攻めたのは、長篠城の城主である奥平信昌が信玄死後に武田方から徳川方に転じた〝裏切り者〟だったからである。これを放置していては勝頼の威信が低下する。

武田家滅亡も、勝頼が境目の城である高天神城を救援しなかったことが引き金になった。

境目の城を見殺しにしたことで、勝頼は国衆たちから頼りにならない大名とみなされ、ドミノ倒しのように離反者が相次いだ。勝頼は織田家の侵攻になす術《すべ》もなく敗走し、最後は国衆の裏切りによって追いつめられて自害した。

武田家にしろ、朝倉家にしろ、今川家にしろ、多くの戦国大名は、決戦での敗北ではなく、離反者の続出によって自滅した。決戦の勝敗と大名の盛衰を直結させるのには慎重でありたい。

三方ヶ原合戦も、武田信玄が望んだ戦いだったかどうかは疑問である。信玄が徳川家康の浜松城を素通りしたのは、家康を浜松城から引きずり出して決戦に持ち込むためだったと従来考えられてきたが、確たる史料的根拠はない。信玄は信長との決戦を狙っていたと思われ、だとすると、その前に徳川軍と戦って戦力を消耗することは避けたかったはずだ。

天下分け目の戦いである関ヶ原合戦についても同様の可能性が指摘できる。家康が西軍の大垣城を素通りして佐和山方面に向かったのは、石田三成らを大垣城から引きずり出し、野戦を強要するためだったと言われている。しかし、これとて結果から見た推測にすぎない。勝つか負けるか分からない大決戦に全てを賭けるのは危険であり、本当に家康が最初から関ヶ原合戦を意図していたかどうか、再検討が求められよう。

大坂の陣も家康にとって決して楽な合戦ではなく、一定のリスクを伴うものであり、実際に苦戦を強いられた。家康は、数年前から武力行使せずに豊臣家を屈服させることを目指しており、開戦に至ったのは失策とすら言える。

奇策や謀略、画期的戦術による一発逆転という通俗的な印象と対極にある、地味で堅実に行われる戦国時代の合戦。私たちが学ぶべき対象は、天才的な閃《ひらめ》きによる華麗な作戦という虚像ではなく、日々の地道な粘り強い努力という実像である。

主要参考文献

磯貝正義『定本　武田信玄』ＫＡＤＯＫＡＷＡ（新人物往来社）一九七七年
小和田哲男『今川義元　自分の力量を以て国の法度を申付く』ミネルヴァ書房、二〇〇四年
笠谷和比古『関ケ原合戦と近世の国制』思文閣出版、二〇〇〇年
〃『関ヶ原合戦と大坂の陣　戦争の日本史17』吉川弘文館、二〇〇七年
〃『関ケ原合戦　家康の戦略と幕藩体制』講談社学術文庫、二〇〇八年
〃『徳川家康　われ一人腹を切て、万民を助くべし』ミネルヴァ書房、二〇一六年
〃『論争　関ヶ原合戦』新潮選書、二〇二二年
桐野作人「桶狭間合戦」（『歴史読本』二〇〇一年十二月号）
黒田日出男「桶狭間の戦いと『甲陽軍鑑』—『甲陽軍鑑』の史料論（2）—」『立正史学』一〇〇、二〇〇六年
黒田基樹『徳川家康の最新研究　伝説化された「天下人」の虚像をはぎ取る』朝日新聞出版、二〇二三年
柴裕之『戦国・織豊期大名徳川氏の領国支配』岩田書院、二〇一四年
〃「足利義昭政権と武田信玄元亀争乱の展開再考」『日本歴史』八一七、二〇一六年
白峰旬「関ヶ原の戦いに関する再検討」『別府大学大学院紀要』一〇、二〇〇八年
〃『新「関ヶ原合戦」論　定説を覆す史上最大の戦いの真実』ＫＡＤＯＫＡＷＡ（新人物往来社）、

二〇一一年
白峰旬『新解釈　関ヶ原合戦の真実　脚色された天下分け目の戦い』宮帯出版社、二〇一四年
〃「関ヶ原の戦いについての高橋陽介氏の新説を検証する　高橋陽介氏の著書『一次史料にみる関ヶ原の戦い』を拝読して」『史学論叢』四六、二〇一六年
〃「関ヶ原の戦いにおける石田三成方軍勢の布陣位置についての新解釈　なぜ大谷吉継だけが戦死したのか」『史学論叢』四六、二〇一六年
〃『新視点　関ヶ原合戦　天下分け目の戦いの通説を覆す』平凡社、二〇一九年
鈴木眞哉『鉄砲と日本人「鉄砲神話」が隠してきたこと』ちくま学芸文庫、二〇〇〇年
〃『鉄砲隊と騎馬軍団　真説・長篠合戦』洋泉社新書y、二〇〇三年
〃『戦国軍事史への挑戦　疑問だらけの戦国合戦像』洋泉社歴史新書y、二〇一〇年
竹井英文『織豊政権と東国社会「惣無事令」論を越えて』吉川弘文館、二〇一二年
谷口克広『信長の天下布武への道 戦争の日本史13』吉川弘文館、二〇〇六年
乃至政彦・高橋陽介『天下分け目の関ヶ原合戦はなかった　一次史料が伝える〝通説を根底から覆す〟真実とは』河出文庫、二〇二一年
長屋隆幸「桶狭間と長篠の戦いの勝因は」（日本史史料研究会編『信長研究の最前線　ここまでわかった「革新者」の実像』）朝日文庫、二〇二〇年
〃「長篠の戦い」（日本史史料研究会監修・渡邊大門編『信長軍の合戦史　一五六〇―一五八二』）吉川弘文館、二〇一六年

二木謙一『大坂の陣　証言・史上最大の攻防戦』中公新書、一九八三年
西股総生『戦国の軍隊』角川ソフィア文庫、二〇一七年
日本史史料研究会監修、白峰旬編著『関ヶ原大乱、本当の勝者』朝日新書、二〇二〇年
橋場日月『新説　桶狭間合戦　知られざる織田・今川七〇年戦争の実相』学研新書、二〇〇八年
播磨良紀「今川義元の西上と〈大敗〉」（黒嶋敏編『戦国合戦〈大敗〉の歴史学』）山川出版社、二〇一九年
平野明夫「桶狭間の戦い」（日本史史料研究会監修・渡邊大門編『信長軍の合戦史　一五六〇―一五八二』）吉川弘文館、二〇一六年
平山優『戦史ドキュメント 川中島の戦い　上・下』学研M文庫、二〇〇二年
〃『歴史文化ライブラリー221 武田信玄』吉川弘文館、二〇〇六年
〃『図説 武田信玄　クロニクルでたどる〝甲斐の虎〟』戎光祥出版、二〇二二年
〃『徳川家康と武田信玄』KADOKAWA、二〇二二年
〃『新説　家康と三方原合戦　生涯唯一の大敗を読み解く』NHK出版新書、二〇二二年
〃『敗者の日本史9 長篠合戦と武田勝頼』吉川弘文館、二〇一四年
〃『歴史ライブラリー382 検証　長篠合戦』吉川弘文館、二〇一四年
〃『真田信繁　幸村と呼ばれた男の真実』角川選書、二〇一五年
福原圭一「〈大敗〉からみる川中島の戦い」（黒嶋敏編『戦国合戦〈大敗〉の歴史学』）山川出版社、二〇一九年

藤木久志『豊臣平和令と戦国社会』東京大学出版会、一九八五年
藤本正行『信長の戦争　『信長公記』に見る戦国軍事学』講談社学術文庫、二〇〇三年
〃『【信長の戦い①】桶狭間・信長の「奇襲神話」は嘘だった』洋泉社新書y、二〇〇八年
〃『長篠の戦い　信長の勝因・勝頼の敗因』洋泉社歴史新書y、二〇一〇年
〃『再検証　長篠の戦い　「合戦論争」の批判に答える』洋泉社、二〇一五年
本多隆成『人をあるく　徳川家康と関ヶ原の戦い』吉川弘文館、二〇一三年
〃『定本　徳川家康』吉川弘文館、二〇一〇年
〃『徳川家康の決断　桶狭間から関ヶ原、大坂の陣まで10の選択』中公新書、二〇二二年
三鬼清一郎『大御所 徳川家康　幕藩体制はいかに確立したか』中公新書、二〇一九年
光成準治『関ヶ原前夜　西軍大名たちの戦い』角川ソフィア文庫、二〇一八年
〃『小早川隆景・秀秋　消え候わんとて、光増すと申す』ミネルヴァ書房、二〇一九年
矢部健太郎『敗者の日本史12 関ヶ原合戦と石田三成』吉川弘文館、二〇一三年
山田邦明『上杉謙信』吉川弘文館、二〇二〇年
山本博文『徳川秀忠』吉川弘文館、二〇二〇年

呉座勇一　ござ・ゆういち

1980（昭和55）年、東京都生まれ。東京大学文学部卒業。同大学大学院人文社会系研究科博士課程修了。博士（文学）。専攻は日本中世史。信州大学特任助教、国際日本文化研究センター機関研究員。2014年『戦争の日本中世史』（新潮選書）で第12回角川財団学芸賞受賞。著書に、『一揆の原理』『応仁の乱 戦国時代を生んだ大乱』『日本中世への招待』『頼朝と義時 武家政権の誕生』『戦国武将、虚像と実像』など。共著に『戦乱と民衆』がある。

朝日新書
921

動乱《どうらん》の日本戦国史《にほんせんごくし》

桶狭間の戦いから関ヶ原の戦いまで

2023年９月30日第１刷発行

著　者　呉座勇一

発行者　宇都宮健太朗

カバーデザイン　アンスガー・フォルマー　田嶋佳子

印刷所　凸版印刷株式会社

発行所　朝日新聞出版

〒104-8011　東京都中央区築地5-3-2

電話　03-5541-8832（編集）

03-5540-7793（販売）

Published in Japan by Asahi Shimbun Publications Inc.

ISBN 978-4-02-295234-9

定価はカバーに表示してあります。

落丁・乱丁の場合は弊社業務部(電話03-5540-7800)へご連絡ください。
送料弊社負担にてお取り替えいたします。

朝日新書

動乱の日本戦国史
桶狭間の戦いから関ヶ原の戦いまで

呉座勇一

教科書や小説に描かれる戦国時代の合戦は疑ってかかるべし。信長の鉄砲三段撃ち（長篠の戦い）、家康の問鉄砲（関ヶ原の戦い）などは後世の捏造だ！　戦国時代を象徴する六つの戦いについて、最新の研究結果を紹介し、その実態に迫る！

プア・ジャパン
気がつけば「貧困大国」

野口悠紀雄

かつて「ジャパン・アズ・ナンバーワン」とまで称されたわが国は大きく凋落し、購買力は1960年代のレベルまで下落した。経済大国から貧困大国に変貌しつつある日本経済の現状と復活策を、60年間世界をみつめた経済学の泰斗が明らかにする。

鵺《ぬえ》の政権
ドキュメント岸田官邸620日

朝日新聞政治部

朝日新聞大反響連載、待望の書籍化！　岸田政権の最大の危うさは「状況追従主義」にある。ビジョンと熟慮に欠け求心力がない。稚拙な政策のツケはやがて国民に及ぶ。つかみどころのない〝鵺〟のような虚像の正体に迫る渾身のルポ。

よもだ俳人子規の艶

夏井いつき
奥田瑛二

34年の短い生涯で約2万5千もの俳句を残した正岡子規。中には遊里や遊女を詠んだ句も意外に多く、ユーモアや反骨精神、ダンディズムなどが味わえる。そんな子規俳句を縦横無尽に読み込む、松山・東京・道後にわたる全三夜の子規トーク！

人類滅亡2つのシナリオ
AIと遺伝子操作が悪用された未来

小川和也

急速に進化する、AIとゲノム編集技術。画期的な技術ゆえ、制度設計の不備に〝悪意〟が付け込めば、人類の未来は大きく暗転する。「デザイナーベビーの量産」、「〝超知能〟による支配」……。想定しうる最悪な未来と回避策を示す。